LAS OVEJAS
DE MI PADRE

LAS OVEJAS DE MI PADRE

UN MARATÓN PASTORAL

MANUEL ECHEVARRÍA LAUREANO

Número de Control de la Biblioteca del Congreso de EE. UU.:   2021922979
ISBN: Tapa Dura   978-1-5065-3909-6
                Tapa Blanda   978-1-5065-3911-9
                Libro Electrónico   978-1-5065-3910-2

Fecha de revisión: 11/17/2021

Para realizar pedidos de este libro, contacte con:
Palibrio
1663 Liberty Drive, Suite 200
Bloomington, IN 47403
Gratis desde EE. UU. al 877.407.5847
Gratis desde México al 01.800.288.2243
Gratis desde España al 900.866.949
Desde otro país al +1.812.671.9757
Fax: 01.812.355.1576
ventas@palibrio.com
836992

ÍNDICE

PARTE I — UNA CARRERA INTENSA

Ejercicios De Calentamiento

Primer Tramo

Cuarto Tramo

Quinto Tramo

PARTE II — LO QUE APRENDÍ CON LAS OVEJAS DE MI PADRE

PARTE III — ¡LOS GOLPES TAMBIÉN ENSEÑAN!

Dedicatoria

Dedico este libro de mis remembranzas al cuidado de las ovejas de mi Padre a mis santos nietos: Naara Alejandra, Anna Camila, Eliel Armando, Zairelis y Derek. Ustedes proyectan el futuro prometedor de nuestra familia. ¡Espero que reciban, de los que vamos de paso, un digno legado! ¡Los amo entrañablemente! ¡Ustedes lo saben!

Agradecimientos

¡Cuán misericordioso y compasivo es nuestro Señor! Nos permitió estar por cuarenta y dos años ininterrumpidos al cuidado de sus ovejas. Luego de acogernos a la jubilación, el Padre le ha placido que estemos interinamente cuidando de varios rebaños; unos que estaban en una transición pastoral y otros que sus pastores estaban disfrutando de un tiempo de vacaciones.

Queremos agradecer desde lo más profundo de nuestros corazones, de parte nuestra, de mi santa esposa Irene y de mis tres santos hijos: Manuel, Samuel y Jonathan, a cada una de las congregaciones en las que el Padre nos permitió cuidar de ellas. Desde que comenzamos en el **Sector Córdova de Sabana Hoyos de Arecibo** nos hemos sentido amados por esa gente maravillosa que nos permitió servirles. Nuestra amada congregación de **Piedra Gorda de Camuy** fue también un tiempo de mucho trabajo y también de mucho gozo. La gente de **Dominguito de Arecibo**; ¡Cuánto ama esa gente! Los de **Quebrada de Camuy**, ni se diga, ¡también nos robaron el corazón!

Culminamos en esa extraordinaria congregación de **Camuy, pueblo,** ¡gente maravillosa y trabajadora! ¡Gracias a todos! No hay palabras que describan nuestro agradecimiento a tanta gente hermosa que nos dio su cariño. **¡Bendiciones a todos!**

A **mi hijo Manuel** que diseñó la portada, ¡gracias, hijo, adelante en el trabajo que el Señor te ha encomendado!

A **mi nuera Lourdes**, por ayudarme en la corrección del libro.

¡Con todos ustedes tengo una deuda de gratitud!

¡Gracias, mil gracias!

Introducción

Cuando, en el tiempo del Señor, se comenzó a distribuir el libro GRITOS DEL ALMA algunas personas, en broma o en serio, comenzaron a preguntar por un segundo libro. Entre las sugerencias más comunes, los que conocen nuestra trayectoria en la tarea pastoral, me pedían un escrito sobre mis experiencias pastorales. Muchos pensaron que GRITOS DEL ALMA contenía mis experiencias pastorales, pero no era así. Aunque ya tenía, escritas o en mi memoria, un cúmulo de recuerdos, dulces, agridulces o amargos, que fluían a borbotones en mi corazón y en mi mente; la gran tarea sería plasmarlos en un escrito.

Comencé la tarea, confiado en mi Señor, con la expectativa de que fluyera un tanto más rápido que mi primer libro publicado. Escribir es parecido a la predicación; nos sentimos en cierta medida, apocados ante la palabra que surgirá; y, sobre todo, meditando si lo que escribimos es lo que realmente queremos decir. ¡Fue una retadora aventura!

El subtítulo de este libro, Un maratón pastoral, no surge por casualidad. El Señor que nos llamó nos mantuvo por cuarenta y dos años en esa carrera que se nos propuso. Al igual que los cuarenta y dos kilómetros de un maratón, corrimos con paciencia esa carrera. Nos cansamos, como cualquier corredor, hubo tropezones, como suele suceder; pero, con la ayuda y gracia del Todopoderoso, alcanzamos la victoria.

Cuando tenemos la convicción de un llamado genuino para sembrarnos en el rebaño, las más dolorosas experiencias son eslabones y herramientas que nos capacitan para hacer con más eficiencia la tarea que se nos ha impuesto. Por dura sea la experiencia o dolorosa la travesía, aunque andemos "en el valle de sombras de muerte", el que nos llama, nos acompaña. ¡Esa es la más alentadora convicción!

No exagero si digo que he sido pastor "de las ovejas de mi padre" desde mi niñez. En los juegos de niños, (¡Qué juegos aquellos, Fela de mi alma!) jugábamos a hacer un culto e ¡imagínense quien era el "pastor"! Presidí los niños en la congregación donde nos desarrollamos. De adolescente, acudían a mí los de mi edad y aún mayores buscando orientación. Presidí, más tarde, los jóvenes, y era la misma dinámica. Llegar formalmente a la tarea pastoral, era algo inapelable.

Aún ante mi ineludible llamado, me enfoqué en mis estudios seculares y, aunque no fue fácil, sabía hacia dónde me dirigía. Estudié en la facultad de Pedagogía de la Universidad de Puerto Rico, recinto de Río Piedras. Hice un bachillerato en educación secundaria con concentración en historia. Las peripecias que pasé por la situación económica que enfrentaba, ¡sólo mi Señor lo sabe! A pesar de todo, y por la gracia de mi Dios, me gradué en el verano del año1973.

Después de graduarme en la universidad, inmediatamente comencé a estudiar en el Instituto Bíblico Mizpa, hoy Universidad Pentecostal Mizpa, en el centro extramuros de Arecibo, Puerto Rico. No me había graduado del Certificado en Estudios Bíblicos, específicamente al comenzar mi tercer año, cuando me encontré siendo "pastor de las ovejas de mi Padre"

Lo que aquí deseo plasmar son mis experiencias en esa sublime tarea, experiencias dulces, agridulces o amargas, que saboreé con una pasmosa pasión y calma. Digo "pasmosa pasión", porque hasta el último día en que ejercí mi tarea pastoral activa nunca perdí "la fiebre" de esa maravillosa tarea. Así sucedió, porque Él me tuvo *"por fiel poniéndome en el ministerio".*

Trabajar en la obra del Señor, en la tarea pastoral, es uno de los ministerios más trascendentales. Estoy relacionado con los ministerios que emanan del Espíritu Santo para la edificación del cuerpo de Cristo; ninguno es tan agotador como el pastorado. Sin embargo, en honor a la verdad debo afirmar que no hay otro más gratificante. Espero que estas remembranzas sean de aliento a las ovejas y de ayuda a los pastores.

"—Yo soy pastor de las ovejas
de mi padre."

1 Samuel 17:34 (TLA)

PARTE I

Una Carrera Intensa

EJERCICIOS DE CALENTAMIENTO

1

La fe de un padre

"Y cuando llegaron al lugar que Dios le había dicho, edificó allí Abraham un altar, y compuso la leña, y ató a Isaac su hijo, y lo puso en el altar sobre la leña."
Génesis 22:9

La vieja casa de madera y zinc estaba atestada de pentecostales. Había personas en la sala, en el balcón, en la cocina y, hasta en los dormitorios. Corría la década de los años cincuenta en el barrio Cortés de Manatí, Puerto Rico. Como epílogo a aquel genuino culto pentecostal habló el dueño de la casa. Llevaba, como corderos al altar del sacrificio, a sus dos hijos varones más pequeños. A Manuel a su mano derecha y a Juan a la izquierda.

_ ¡Aquí los traigo pa' salvar mi "responsablidá! _ Dijo con su voz de jíbaro cansado por el duro trabajo de la tierra que lo vio nacer. _ Oren por ellos pa' que se conviertan. La mesa que servía de púlpito o atril, durante el culto, sirvió en aquel momento de "altar del sacrificio". Los dos niños no tenían la más remota idea de lo que allí estaba sucediendo, y mucho menos, de lo que sucedería al correr del tiempo. Fue un acto de fe, un atisbo profético, una entrega desinteresada de un hombre que sabía de mundo, pero había abrazado una nueva vida la cual deseaba honrar con todas sus fuerzas.

Hay una palabra que, lo más probable, no pasaba por la mente de mi padre aquella noche nostálgica, pero que en aquel momento tuvo un maravilloso comienzo: *"porque yo honraré a los que me honran,"* -1 Samuel 2:30. Dios honró la fe del hermano Tibo, como le conocían en la iglesia y en el barrio. Aquella fe que sembraba aquella noche de sacrificio habría de rendir frutos insospechados.

Al filo del año 1950, específicamente en el mes de octubre, don Tiburcio Echevarría, que era su nombre de pila, había tenido un encuentro con el Cristo resucitado. En adelante, no daría un paso atrás y trataría de encaminar su familia en la senda del Señor. La situación económica era extremadamente dura, la familia numerosa: el matrimonio y once retoños; el ambiente que le rodeaba incierto; pero allí estaba aquel jíbaro trabajador para enfrentarlo todo por su familia y por el Señor que le dio una nueva vida.

Mi viejo luchó como "gato boca arriba" para que aquellos dos muchachos se mantuvieran en el camino correcto. Pasaron los años, cayeron unos cuantos aguaceros, agarramos no sé cuántos azotes y "tapabocas", nos impusieron unas cuantas tareas en la finca y en la casa; y aquel buen hombre mantuvo su confianza en el Señor que lo había rescatado. Su educación formal era ninguna, pero no había quien se lo ganara al trabajo duro. Aquel agricultor de oficio y jornalero desde los nueve años era conocido por todos como un "hombre de respeto", y un líder de la iglesia.

Mi viejo era una estampa viviente de un jíbaro trabajador. Llegaba de trabajar ocho horas en el cañaveral, tomaba un breve receso y se iba a su finca a aprovechar lo que quedaba del fatigoso día. Muchas veces nos daba la "lata" con la semilla de maíz, habichuelas, o de la que fuera; él hacía el hueco en la tierra y nosotros tirábamos la semilla y le echábamos la tierra con el pie. _ Échale dos o tres granos a cada hoyo, nos decía; pero, para que nos sobrara tiempo para jugar, le echábamos cinco y seis. Cuando, al cabo de varios días, brotaba la semilla, nos llevaba agarrado por la oreja a ver el resultado de nuestra prisa. _ ¡Mira guachinango, esa era la prisa que tenía! Y nos mostraba el matojo de maíz o habichuelas que habíamos sembrado. ¡Cosas de niños!

Al igual que el patriarca Abraham, nuestro padre no dudó al llevar a sus dos hijos al altar del sacrificio; sabía que su fe rendiría frutos. ¡La fe de aquel patriarca, de aquel filósofo de la vida, de aquel autodidacta, de aquel trabajador empedernido, tuvo su esperada recompensa! Pudo ver a aquellos dos niños, a los cuales llevó aquella noche al altar del sacrificio, convertirse en hombres de bien, padres de familia y ministros del evangelio de Jesucristo.

2

Jugando a ser pastor

"Y él les dijo: Oíd ahora este sueño
que he soñado:"

Génesis 37:6

En el sector "El Alto", del barrio Cortés, de Manatí, en las tardes el ambiente se transformaba. Venían de las familias vecinas un tropel de niños y adolescentes a juagar al patio grande de nuestra vieja casa de madera y zinc. La mayoría éramos de las familias: Echevarría Laureano, Laureano Echevarría, etc. No jugábamos en nuestros teléfonos inteligentes, ni en las tabletas, ni en nuestros juegos electrónicos; no, en esa época ni se soñaba con ese tipo de enredos.

En la mayoría de los hogares de mi barrio no había, para ese entonces, radios, neveras, televisores, etc. ¡No había energía eléctrica! Gozábamos de una vida sana de campo adentro. Los fogones estaban encendidos la mayor parte del día: el café con leche acabadita de ordeñar, en la mañana; el desayuno, si lo había, para llevar al cañaveral donde trabajaban los que podían; al mediodía, las viandas; en la tarde, para la cena, lo que aparecía. Luego se esparcían las brasas para que no siguiera ardiendo el fuego. En la mañana había que volver a la a la misma faena. Aquella mesa rústica con una caja de madera llena de tierra y tres piedras haciendo un triángulo equilátero era el "mueble" más importante en la casa del campesino boricua.

¡Vamos a jugar "palo libre"! No, vamos a jugar "rescate". ¡Mejor, a Doña Ana no está aquí! Así, transcurría el preludio de lo que sería una tarde llena de algarabía, de caídas, de mucho sudor, y hasta de sangre. Todos descalzos le pegábamos el dedo grande de los pies, a las piedras con las que nos tropezábamos en nuestras carreras. Al anochecer, cada uno se iba deslizando para su casa. Todos bañados de sudor, unos cojeando, otros con algún moretón producto del juego; algunos enojados porque le hicieron "trampa"; pero con la sensación alucinante de que mañana sería otro día para volver a jugar.

Cuando entrábamos a la casa ya se habían encendido las lamparitas de gas preparadas con latitas de pintura vacías. El quinqué que estaba en la sala se prendía si había algún conversatorio, gastaba más gas que las lamparitas. A la hora de acostarnos, si había alguno tosiendo, con catarro u otra dolencia, la matriarca (¡Ay, Fela de mi alma!) le daba un poco de "guarapo" de plantas y le leía la "cartilla": _ "Acuéstate y no abras la boca pa' que no tes pasmes".

En algunas ocasiones, "jugábamos" a hacer un culto. Una niña era "Juanin", la esposa del pastor de nuestra iglesia, otra era Maruca, una adorable viejita de la iglesia, etc., y como siempre yo era el "pastor". Cuando llegaba el momento de "predicar", me excusaba por haber llegado tarde (¡Eran mis mejores recuerdos de lo que decía el pastor!) y luego continuaba mi "sermón". ¡Qué tiempos aquellos, Fela de mi alma!

Hoy recuerdo con lágrimas aquellos inolvidables tiempos, en que disfrutamos a la saciedad aquellos juegos infantiles que marcaron el sendero de una travesía de experiencias diversas y maravillosas. Los juegos de El alto parecían sueños de un niño sin futuro, quimeras de una infancia tronchada. Al igual que José desconocía el alcance de aquellos "sueños". Allá, en El Alto, en el patio grande de la vieja casa de madera y zinc, jugaba a ser pastor sin percatarme que el que todo lo sabe, el dueño de las ovejas me estaba preparando para, más tarde, sembrarme en el rebaño.

3

Las peripecias del estudiante

*"y que desde la niñez has sabido
las Sagradas Escrituras,"*
2 Timoteo 3:15

En el año 1956 el Departamento de Instrucción Pública (Hoy Departamento de Educación) por primera vez comenzó a matricular niños de seis años. En la escuela de mi barrio comencé una larga, y a veces dolorosa, carrera para mi educación formal. La escuela elemental Francisco Meléndez Balbañe acogía estudiantes desde el primer grado hasta el sexto. Había niños de seis años, adolescentes, y otros ya barbados, que recibían de aquellos ministros de la enseñanza las lecciones que nos abrirían paso en la vida.

Cuando cursé el sexto grado tuve uno de los tropiezos más dolorosos de mi carrera por superarme. Había que trasladarse a una escuela en la zona urbana del pueblo de Manatí, no había transportación escolar, ni recursos para pagar transportación pública. Para aquella época tomar un transporte público para ir al pueblo costaba diez centavos; pero mi viejo no podía costearlo, pues éramos tres los que simultáneamente habíamos terminado el sexto grado: mi hermana América, mi hermano Juan y yo.

Hoy muchos niños lloran porque no quieren asistir a la escuela, a los doce años yo lloraba porque quería ir a la escuela y no teníamos los medios económicos. Aquel año en que no asistí a la escuela comencé a "trabajar" llevando desayunos y almuerzos a compañeros de trabajo de mi padre. Al filo de la quincena me pagaban, desde treinta, hasta sesenta centavos por la tarea que hacía. ¡Aquella paga era para mí un verdadero dineral!

Transcurrió aquel año, que parecía interminable, y comenzó el segundo año escolar; y yo "majadereando" porque quería que me llevaran a la escuela. Me preguntaban algunos adultos qué notas tenía y con orgullo les decía que todas eran excelentes. Y, ¿Por qué no estás en la escuela?, me decían. ¡Era un verdadero martirio!

Mi hermano Fernando, que para ese tiempo se había ido al área metropolitana en busca de salir adelante, llegó de visita a nuestra casa. Mi padre, quizás cansado de mi insistencia de ir a la escuela, le dijo a "Nando", que así le decíamos, _ ¡Mira, lleva ese muchacho a matricular a la escuela, que no majaderee más! ¡Que tome, por lo menos el cuarto año! (Se refería a los grados de la escuela secundaria, que eran cuatro.) ¡Qué bien! Allá iba el muchacho, con pajaritos en el estómago, pero con un ardiente deseo de aprender, de salir adelante, de meterse en el plan que el cielo había trazado para él.

Terminaba el cuarto año de la escuela superior y la consejera de la escuela, la Sra. Arzán, me llamó a su oficina. _ ¿Qué piensas hacer Manuel? Tienes buen promedio y la posibilidad de entrar a la universidad. Era como decirme: _ No tienes alas, pero puedes llegar volando a la luna. ¡Para mi situación económica era inaudito mencionar la universidad! Aunque en aquel momento no lo comprendía, allí estaba un instrumento usado por el Señor para encaminar mi vida.

_ Vamos a llenar una solicitud de beca legislativa, me dijo la buena señora. (Dicho sea de paso, para ese entonces no había las ayudas económicas que hay hoy para estudiar en este país.)

Para mi sorpresa, me aprobaron una beca legislativa y me aceptaron en la Universidad de Puerto Rico. De ahí en adelante los cuatro años que siguieron fue una verdadera prueba de fuego: pidiendo "pon" aquí y allá, pasando hambre, caminando kilómetros a pie, etc. Dos años viví en el Residencial Monte Hatillo, en Río Piedras, mientras estudiaba en el Recinto de Río Piedras. Allí vivía, para ese tiempo, mi hermano Fernando con su esposa Celia y sus niños. Si no había desayuno, ¡que sucedía muy seguido!, raspaba el "pegao" de la cena del día anterior y me duraba en el estómago todo el día hasta que volvía en la tarde a la casa de mi hermano.

¡Qué cuatro años más largos aquellos! Estudié algunos veranos, tomé las electivas que necesitaba, hice la práctica docente en la escuela Juan Ponce de León, en Rio Piedras, y ¡por fin!, en el verano del año 1973 me gradué de la Facultad de Pedagogía de la Universidad de Puerto Rico. ¡Parecía un sueño, Dios amado!

4

Frutos de la perseverancia

*"No tenga tu corazón envidia de los
pecadores, Antes persevera en el temor
de Jehová todo el tiempo."*
Proverbios 23:17

¡El que persevera alcanza! Ese proverbio antiguo, altamente trillado, es una realidad que vivo día a día. Cuando una meta acariciada reta todas nuestras posibilidades y nuestra mente nos quiere desanimar, hay una alternativa: perseverar. Cuando la meta es loable y no conflige con nuestras convicciones y principios bíblicos, hay que luchar a todo costo hasta alcanzarla.

Aquel año, para mí angustioso, en el que no pude continuar la escuela intermedia por la precariedad económica de mi familia; fue uno de los retos a la perseverancia que jamás había tenido. Humanamente hablando, no había a quién apelar, sabía que si mi padre hubiera tenido los recursos nos había enviado a la escuela que nos correspondía. Recuerdo los muchos momentos en que mi padre, al ver que el total de la compra para la semana llegaba a diez dólares exclamaba:

_ ¡Ay! Padre celestial, ¿con qué se pagará la semana que viene?

¡La perseverancia siempre rinde frutos! Aquel verano en que, con lágrimas reclamaba volver a la escuela, me enseñó esa lección vital. Me pude haber quedado llevando almuerzos a los trabajadores, o haciendo cualquier otra labor muy honrosa, pero quería estudiar, quería, aunque sin una clara visión del futuro, entrar al plan que el Padre había trazado para mí.

Cuando mi hermano Fernando me llevó a matricular en la escuela Los Limones, en mi pueblo, comencé la segunda jornada de mi vida. Escuela nueva, compañeros y compañeras desconocidos, y un adolescente en plena ebullición abriéndose paso a un mundo cambiante en el cual me quería insertar. ¡Cuán misericordioso es nuestro Señor! Me dio sabiduría y tuvo cuidado de mí en medio de toda situación difícil que tuve que enfrentar.

Cuando le dije a mi familia que iba a estudiar en la universidad, era difícil para todos creerlo. No había recursos económicos, como siempre, y ninguno del círculo familiar ni de la familia extendida había emprendido semejante tarea. En ese entonces, año 1969, nadie de mi barrio había cursado estudios universitarios, excepto un veterano, que era acreedor de una beca para estudios. Pero allá iba el hijo de doña Fela dispuesto a perseverar y alcanzar su meta.

Al hacer la matrícula en la universidad ya sabía lo que quería estudiar: sería maestro de historia. Tomé los cursos generales, tenía un programa de cuatro años el cual seguí al pie de la letra. Aquel día, en la Universidad de Puerto Rico, que salí de un salón de la facultad de humanidades después de entregar la libreta de examen, era el examen final del curso de Historia de Hispanoamérica, me parecía que caminaba por el aire. El hijo de Fela y Tibo había terminado satisfactoriamente el bachillerato en educación secundaria con concentración en historia. Le doy constantemente gracias al Señor que me sostuvo para que pudiera cosechar con creces los frutos de la perseverancia.

5

La ruta estaba trazada

"Por Jehová son ordenados los
pasos del hombre, Y él aprueba
su camino."

Salmos 37:23

Cuando me gradué de la universidad no encontraba un empleo. Hice turno en el Departamento de Instrucción, llenaba solicitudes, tomaba exámenes del gobierno, buscaba aquí y allá, pero nada sucedía. ¡Estaba frustrado! En ocasiones me sentaba en casa, y dándole vueltas al asunto me quedaba dormido. Hoy miro atrás y creo que pasé de la frustración a la depresión. En aquellos años se hablaba muy poco o nada de estrés, depresión, ansiedad y todas esas mercancías.

Ese mismo año 1973, aunque no tenía un empleo, no perdí el tiempo; comencé a estudiar el curso de Certificado en Estudios Bíblicos en Mizpa, la escuela teológica de nuestra organización. Me había preparado secularmente para ser maestro, aunque tenía claro la ruta que el Padre me había trazado. En Mizpa tuve experiencias buenas y menos buenas. En ocasiones daba la clase, cuando el maestro me lo solicitaba. Estudiaba esmeradamente los libros asignados, pues ya tenía bien formado los hábitos de estudio.

¡No sé cómo lo hicimos! Mi hermana mayor Leonor y otro joven de la congregación viajábamos desde Manatí a Arecibo todos los lunes, ¡y ninguno tenía vehículo! ¡En muchas ocasiones el pastor Hiram López nos prestaba su "volki", en otras, algún hermano en Cristo; pero siempre apareció transportación para ir a estudiar! ¡Qué osadía la que teníamos!

Ya habían pasado más de seis meses cuando comencé a trabajar en el Barrio Miraflores de Arecibo. Era una Segunda Unidad en la que se ofrecían los grados desde primero a noveno. Una maestra se había ido por maternidad e interinamente ocupaba su plaza. ¡Vaya primera experiencia de trabajo! Tenía mucha teoría en mi mente, ahora era el momento de ponerla en práctica.

Enseñando me sentía como un pez en el agua. No sólo estaba trabajando, sino que disfrutaba de mi trabajo. Por los resultados que tenía con los grupos de estudiantes, entendía que mi forma de enseñar estaba siendo bien efectiva. Allí, en la Segunda Unidad de Miraflores de Arecibo, comencé a ver los frutos de mi trabajo. ¡Cuán bendecido me sentía haciendo lo que era y es mi vocación!

Cuando culminé mi esperada primera experiencia de trabajo, comencé a trabajar bajo un contrato en el Departamento del Trabajo de Puerto Rico, en la oficina de Manatí. El trabajo era repetitivo y un tanto tedioso; ¡pero había que trabajar! Hacía esmeradamente aquel trabajo sabiendo que sería pasajero. Había un camino que debía seguir, y no era aquel donde estaba en esa temporada; ¡mi corazón lo tenía muy claro! Jehová estaba ordenando mis pasos, aunque yo no lo tuviera muy claro. Allí estaba, como en una estación de autobuses, esperando el que debía abordar, pero no había llegado aún.

6

Los campos que
no eran míos

*"No soy profeta, ni soy hijo de
profeta, sino que soy boyero,
y recojo higos silvestres."*
Amós 7:14

Aunque disfrutaba enseñar, sentía que no había
llegado al sitio que constituiría mi lugar en el
propósito del Padre. Si me preparé para enseñar,
¿cómo era que no me sentía en el sitio adecuado?
Trabajé en dos escuelas más, y tuve el privilegio
de enseñar un año en la escuela superior donde me
había graduado. ¡Que satisfacción la que sentía estar
en un salón donde había sido alumno y ahora estaba
allí mismo como maestro!

A principios del año 1976 comencé a trabajar en
la escuela elemental Teodomiro Taboas de manatí,
específicamente con un grupo de educación especial.
Yo no tenía preparación en educación especial, pero
tenía paciencia, eso afirmó la Superintendente de

escuelas de mi pueblo. La tarea no era fácil, pero salí adelante, con la ayuda del Señor. Los alumnos, que era un grupo heterogéneo, de diferentes edades y condiciones, se calmaron y comenzaron a disciplinarse; ¡eso me dijo la directora escolar!

Para agosto del año 1975 comencé el tercer año del Certificado en Estudios Bíblicos. Al grupo que comenzaba su primer año llegó un hermano que me conocía por referencia ya que había sido miembro de la congregación del barrio Magueyes de Barceloneta donde estuvo mi padre. Me contactó en un receso y me informó que estaba comenzando una escuela bíblica en el Sector Córdova del barrio Sabana Hoyos de Arecibo. Pero la conversación, lunes tras lunes, se fue transformando. En una ocasión me dijo: _ "Yo no soy pastor, se necesita alguien que trabaje ese campo." No me sentí aludido; sin embargo, el hermanito José Colón fue más directo: me invitó a visitarles y ¡lo demás es historia!

Oré al señor: _ Si es tú voluntad que vaya a ese campo, te ruego que proveas un trabajo que no me reste tiempo en casa. Para ese tiempo los maestros no teníamos tiempo de preparación profesional en el horario escolar; teníamos grupos todo el horario. Después se trabajaba en la casa en planes, exámenes, etc. El empleo apareció y comencé a trabajar en una plaza permanente en el Departamento del Trabajo donde antes había trabajado por contrato. Era muy difícil un empleo en el gobierno en ese tiempo, pero nuestro Señor hace como quiere. Sin escapatoria fui sembrado en el rebaño para cuidar las ovejas de mi Padre.

Como aquel campo no había sido reconocido formalmente por nuestra organización, ni había una congregación, ni un local propio; el presbítero, Rev. Luis Ortiz Romero le dijo a mi Pastor, Rev. Hiram López, que me llevara y me "dejara allí". Así lo hizo mi pastor. Era un grupo compuesto, mayormente por niños y adolescentes: *esas eran las ovejas de mi Padre.* Aunque no era pastor, ni hijo de pastor, el señor me sacó de allá, del sector El Alto, del barrio Cortés de Manatí, para que cuidara sus ovejas. El jueves 15 de abril del año 1976 entré al surco. Para ese entonces tenía veinticinco años. ¡Gracias Padre amado!

PRIMER TRAMO

1

Entrando al surco

"Antes que te formase en el vientre
te conocí, y antes que nacieses te
santifiqué, te di por profeta a las naciones."
Jeremías 1:5

Comencé, sin saberlo, un maratón pastoral. Por el día trabajaba en mi empleo secular y en las noches iba a Córdova. Sea que hubiera culto, o para visitar, u otra labor de un campo nuevo, mi corazón estaba en el redil. Nos reuníamos para aquel tiempo en los bajos de una casa prestada. La señora de la casa, la hermana Gertrudis, era parte del grupo que se reunía, la mayoría eran niños y adolescentes.

El lugar de reunión era bastante rústico: el piso de tierra, unas sillas recicladas que había donado una tienda de zapatos, un púlpito de madera hecho en casa, y "alfombrado" con cartones de los que reciclaba, Erasto García, el dueño de la casa. Servía aquel lugar como estacionamiento para el auto de la casa, taller de hojalatería y mecánica, etc. En las noches las gallinas dormían en las sillas, etc., ¡imagínese lo demás! Allí nos llevó el dueño de las ovejas, allí comenzamos informalmente nuestra tarea pastoral. Digo informalmente, porque no hubo una instalación oficial, ni había una congregación organizada.

Sabía que comenzando una larga carrera el atleta no se puede precipitar; sin embargo, tenía "fiebre de pastor". Comenzamos a ver que el grupo iba aumentando en número y pedíamos al dueño extendernos a más espacio en los bajos de aquella casa. En las noches, cuando nos reuníamos para adorar, ya que una bombilla estaba encima de donde me ubicaba para dirigirme al grupo, abría la boca y me entraban algunos de los insectos que volaban alrededor. ¡Creo que engordé en aquellos días!

El grupo de niños y adolescentes que se reunía era muy variado. No puedo olvidar a "las Bettys", que así le decíamos a tres adolescentes que eran hermanas; a Chuíto, Irma y Maribel, que también eran hermanos, los adolescentes que íbamos a buscar a través del sembradío de piñas y otros más que escapan de mi memoria. Aquellos muchachos me robaron el corazón y me dedicaba con esmero a mi ineludible misión de cuidar aquellos corderos de mi Padre.

Una de las experiencias que nunca olvido es que, siendo yo oveja por veinticinco años, cuando alguien del grupo llamaba al "pastor" me costaba responder, pues no entraba "en tiempo" de que al que llamaban era al hijo de Fela. Desde antes de nacer, como a Jeremías, el Señor me había separado para hacer sus mandados, y así comencé a obedecerle. Con el correr del tiempo desperté del dulce sueño y me encontré con la maravillosa realidad de ser pastor de las ovejas de mi Padre. Era el comienzo de una maravillosa aventura, fue el escuchar el tiro de salida hacia un maratón pastoral. Por delante me esperaba toda una vida de experiencias dulces, agridulces y amargas que harían de mí, por la gracia divina, un pastor de las ovejas de mi Padre. ¡Había entrado al surco!

2

Las gallinas me enseñaron

¿Qué ves tú?

Jeremías 1:13

A través de la historia los pastores han sido objeto de presiones, calumnias, malentendidos, afrentas, etc. Vi llorar algunos pastores por la incomprensión de las personas y por las presiones que muchas veces se les hacía difícil soportar. Algunos piensan que los pastores son "buscones", altaneros, orgullosos, etc. Cuando me encontré siendo pastor de las ovejas de mi Padre no tenía un concepto claro de cómo debía ser el pastor. Sencillamente trabajaba haciendo la asignación que el Maestro me había dado sin meditar qué pensaban o decían los demás acerca de mi tarea.

Lo que sí puedo afirmar categóricamente es que las gallinas de la hermana Gertrudis, que no eran necesariamente maestras, me enseñaron que aquel a quien el Padre llama a cuidar de su rebaño no puede temer el tener que limpiar cada mañana del domingo las "gracias" que dejaban encima de las sillas del lugar de reunión. Los domingos en la mañana debía ir un poco más temprano de la hora de comenzar la Escuela Bíblica. Debía acomodar las sillas y limpiar lo que las gallinas dejaban durante toda la noche antes de irse a revolver hojas a los alrededores. Nunca pensé: ¿qué hace aquí un profesional como yo limpiando "caca" de gallina? Las gallinas me enseñaron que el que Dios llama al ministerio pastoral debe hacer todo lo que esté a su alcance para cumplir fielmente con la encomienda recibida. Y si parte de la encomienda de cuidar las ovejas del Padre es limpiar lo que dejan las gallinas en el lugar, se hace con dedicación.

Siempre he afirmado que el que recibe una encomienda de parte del Señor de la mies debe entregarse a ella con pasión y dedicación. ¡Cuánta satisfacción sentía cuando llegaban los feligreses y encontraban el lugar de adoración ordenado y limpio! Nadie se había percatado que el pastor había limpiado las gracias de las gallinas. ¡El que todo lo ve, sí lo sabía!

Si tú has sido llamado a una tarea particular dentro de la obra del Señor no temas ensuciarte las manos; eso es parte del adiestramiento y el Maestro te está capacitando.

Hay un Dios que sabe todas las cosas y ve lo que nosotros no vemos. Cuando Jehová le pregunta en varias ocasiones al profeta Jeremías ¿Qué ves tú?, claramente se infiere que el hombre no ve lo que ve el Señor. Dios usó una mula para tratar con el rebelde Balaam, usó un gran pez para tratar con Jonás, etc. No me extrañó en nada que el dueño de las ovejas usara las gallinas para tratar conmigo. ¡Él hace como quiere!

3

Santos atrevimientos

"Es, pues, la fe la certeza de lo que se
espera, la convicción de lo que no se ve."
Hebreos 11:1

El grupo que se reunía en los bajos prestados de aquella casa anfitriona continuaba creciendo y aumentando en número. Comenzamos a explorar sobre algún terreno donde se pudiera establecer un lugar propio y permanente para la nueva congregación que se estaba formando. Pregunté a nuestra tesorera, dicho sea de paso, la primera tesorera de nuestra congregación, la hermana Juana Rodríguez, con cuánto dinero contaba la congregación y me informó que teníamos la friolera de doscientos dólares.

Con ese capital que me había informado la tesorera comenzamos a hacer gestiones para comprar un terreno. Para ese entonces un buen hermano, José Hernández, al que apodaban Pepe, había adquirido una finca en el límite de la comunidad. Había en esa finca una loma hermosa, que era el límite de la finca que más cerca estaba de la comunidad. Cuando vi aquel lugar mi corazón se estremeció, sentí que era el lugar perfecto para ubicar nuestras facilidades.

Los días que siguieron me dediqué a investigar cómo contactar al hermano Pepe. Me informaron que vivía en el pueblo de Florida, y ¡allá fui a parar! Lo que iba a hacer era un verdadero atrevimiento: gestionar la compra de un terreno para ubicar nuestro templo con doscientos dólares de capital. Hablamos con el hombre y nos mandó a orar: _ ¡oren a ver qué podemos hacer! Me fui un poco triste, pero hice la asignación: oramos. Hay momentos que lo que debemos hacer es orar y esperar que el cielo trabaje a nuestro favor.

Un domingo después de terminada la clase bíblica hice una ronda, en mi vehículo, por la comunidad. No sé cómo sucedió, pero el conductor de una camioneta me hizo señal para que me detuviera. ¡Era el hermano Pepe! Nunca le especifiqué en que área de su finca deseábamos comprar el terreno. Sin embargo, condujo hasta la loma que habíamos visualizado para construir el templo. Nos bajamos de los vehículos y me dijo, señalando un árbol de almendras: _ Usted ve aquel almendro, muevan esta verja desde este punto hasta allá. Y a renglón seguido añadió: _ El que les da el terreno les va a ayudar a construir el templo; pueden comenzar cuando quieran. ¡Hay poder!

¡El corazón no me cabía en el pecho! Aquel santo día vi uno de los muchos milagros que he vivido al cuidado de las ovejas de mi Padre. Salimos a comprar un terreno para el nuevo templo con doscientos dólares y el Señor de toda la tierra nos proveyó un gran solar sin pagar un solo centavo. Yo era un muchacho de apenas veintiséis años, para ese tiempo, lo que hice fue un verdadero atrevimiento, pero mi Señor intervino para glorificar su santo nombre. **"Es, pues, la fe la certeza de lo que se espera, la convicción de lo que no se ve."** ¡Teníamos el terreno y teníamos los doscientos dólares para comenzar a construir!

4

Tres construcciones simultaneas

*"He aquí que, como el barro en la mano del
alfarero, así sois vosotros en mi mano,"*
Jeremías 18:6

Cuando comencé a cuidar las ovejas de mi Padre,
tenía veinticinco años. Había estado cerca de mis
pastores y viví cerca de ellos las batallas, mayormente
emocionales y espirituales, que enfrentaban. Al
aceptar la encomienda de mi Padre para cuidar sus
ovejas, estaba muy consciente de la envergadura de
la tarea. ¡No sería todo como miel sobre hojuelas!

Nadie me había orientado, ni me había asesorado
sobre lo que podía enfrentar en la tarea pastoral. Las
instrucciones del presbítero a mi pastor eran que me
"dejará allí". Y mi pastor obedeció las instrucciones
al pie de la letra. Así que, de allí en adelante me
meterían en la "rueda del alfarero" para sacar un

vaso de honra. ¡Cuánta misericordia y paciencia ha tenido el alfarero conmigo!

Al aceptar trabajar en el Sector Córdova del barrio Sabana Hoyos de Arecibo, estaba despierto. Sabía que aquel campo en particular necesitaba comenzar, desde los cimientos, tres construcciones simultaneas. No había una congregación establecida, no teníamos un templo propio donde reunirnos, ni había un pastor formado. Si levantar un santuario para adorar no es fácil, menos lo es levantar una congregación; y en la efervescencia de esas dos construcciones, la formación de un pastor idóneo para cuidar las ovejas del Padre. ¡Era un reto extraordinario y una oportunidad única!

Hubo un momento doloroso que se me ha hecho difícil olvidar. En la brega de la construcción de un pastor idóneo, comencé a visitar los hogares de los niños y adolescentes que se reunían. Había una familia que enviaba a sus tres hijas adolescentes a las reuniones. El hermano Cheo, que así le decíamos al hermano que había comenzado la obra, me presentó al papá de las muchachas. _ Este es el pastor de la iglesia. El hombre sin disimulo alguno comenzó a reírse en forma burlona. Sabía que no había tal iglesia, y ¡ese muchacho sería el pastor! Lo que desconocía el caballero era que estábamos trabajando en la formación de las dos cosas.

Tan pronto movimos los alambres de la cerca al lugar que nos había indicado el hermano Pepe comenzamos a visualizar las posibles facilidades. Un buen hermano nos ayudó a marcar los puntos para hacer la zanja donde iría el fundamento. Y comenzó sin mucha fanfarria la construcción de lo que sería el templo de la Iglesia de Dios pentecostal, M.I. del Sector Córdova del barrio Sabana Hoyos, en Arecibo Puerto Rico.

¡Las tres construcciones simultaneas habían comenzado! Aquel pequeño grupo de niños y adolescentes se fue multiplicando, la zanja donde se pondrían los cimientos de lo que sería nuestro templo estaba abierta, y la formación del pastor estaba en proceso. Todas esas construcciones avanzaban lentamente amalgamadas en dulces, agridulces y amargas experiencias. Todo estaba… ***"como el barro en la mano del alfarero."***

5

Embriagado sin tomar

"Me he hecho débil a los débiles,
para ganar a los débiles;
1 Corintios 9:22

El desarrollo de la congregación fue un proceso que hoy recuerdo con mucha nostalgia. En ese tiempo recibíamos aliento y ayuda de diversas personas de otras congregaciones. Por ejemplo: Una hermana de la iglesia Alianza de una comunidad vecina nos habló de una joven, amiga de su hija, que en algunas ocasiones la acompañaba a su iglesia. Vivía esa familia en un sector llamado Los Puertos. ¡Allá fuimos a parar! Para acceder a la residencia, había que dejar el vehículo y continuar el trayecto a pie.

Saludamos aquella gente hermosa, nos identificamos, les hicimos la invitación para que nos acompañaran a las reuniones; ¡y para gloria del Señor aceptaron la invitación!

El único medio de transportación que tenía la iglesia, para ese tiempo, era un carrito Volkswagen de mi propiedad, que a lo sumo cabían cinco pentecostales. Los días de culto, llegaba al sector temprano, echaba un vistazo al lugar de reunión, y luego a buscar los invitados de Los Puertos. Como siempre, debía dejar el vehículo donde terminaba la carretera y continuar a pie a ver si venían los invitados.

¡Cuando subí a la loma ya los invitados estaban preparados! ¡Los saludé más contento que un perro con cinco rabos! Bajamos la cuesta y abordamos el "volki". Para mi sorpresa, un fuerte olor a alcohol llenó el pequeño vehículo. No sabía qué decirles, hablamos de todo menos del tufo que me tenía atontado. Cuando llegamos al lugar de reunión, les abrí cortésmente la puerta a mis invitados, pero me sentía mareado. Traté discretamente de informarme sobre los invitados y me informaron que eran "empresarios de la industria del ron". Entonces caí en tiempo, ¡por eso después del viaje me sentía "ochenta grados prueba"!

Los vecinos que había invitado procesaban ron clandestinamente. Esa información la iba recibiendo según marchaba el tiempo. Una cosa era cierta: aquellos invitados no fallaban su asistencia a las reuniones de la congregación. Muchas veces lo tres, otras, dos o uno; pero siempre alguno estaba presente.

Nunca tomé bebidas embriagantes, sin embargo, cuidando las ovejas de mi Padre me embriagaba sin tomar. Aquellos tres amigos, que eran de una misma familia, escribieron una extraordinaria página en la historia de nuestra naciente congregación y me enseñaron a maximizar el valor de un alma. Un pequeño comienzo, buscando tres jíbaros que eran borrachos y clandestinamente preparaban ron, obtuvimos unas de las lecciones de paciencia y perseverancia que jamás habíamos soñado. Aunque nunca había tomado bebidas embriagantes, pero "... *a todos me he hecho de todo, para que de todos modos, salve a algunos.*"

Más tarde, uno de aquellos hombres tuvo un encuentro con Cristo, y su esposa, sus hijos e hijas; sus yernos, etc., se constituyeron en pilares y líderes fieles de nuestra creciente iglesia. Hoy, las nuevas generaciones de aquella familia continúan sirviendo en la maravillosa obra del señor. ¡Alabado sea Dios, por su amor y misericordia!

6

Ayudante funerario

"Heme aquí; ¿para qué me has llamado?"
1 Samuel 3:6

De todos los sectores del barrio Sabana Hoyos de Arecibo, y otros lugares aledaños, estaba llegando gente a nuestra naciente congregación. Una de esas familias vivía en el sector La Cooperativa. Eran varios los miembros de esa familia que se congregaban, otros venían esporádicamente, pero siempre alguien decía presente. Tenía la matriarca de la casa, que era viuda, un hijo alcohólico y un tanto desajustado que le traía, por su alcoholismo, bastantes dificultades.

Una noche, que habíamos compartido con otra congregación, fuera de nuestra comunidad, llegamos a la casa para dejar a los que asistieron al culto. Nos informó un miembro de la familia que el hijo borracho se había internado en un área boscosa detrás de la casa con un cable en la mano afirmando que se iba a suicidar. Como el lugar era oscuro y la vegetación espesa nadie se atrevió ir detrás del hombre.

Como allí llegó el pastor, todos pensaron que era el indicado para semejante búsqueda. Fui a casa de quién, más tarde, sería mi querido suegro para buscar una linterna y entrarnos en la espesura de aquella tragedia. ¡Nadie quería ir al frente de la exploración! Le correspondía al hijo de Fela, que tenía más miedo que vergüenza, ir como el más valiente de los presentes en la búsqueda del hombre extraviado. ¡La escena era grotesca! Allá estaba el hombre colgando de un árbol de pomarrosas.

Debido a que la familia que enfrentaba aquella noche trágica no tenía transportación nos encaminamos para hacer los trámites pertinentes: a la policía y luego a buscar un servicio funerario. Dado que la policía conocía al occiso, dieron ordenes de que los de la funeraria bajaran el cuerpo. ¡Así se hacía en esos años! Cuando llegamos nuevamente a la casa, llegó también el vehículo fúnebre que debía recoger el cuerpo. Un caballero, todavía con cara de morriñoso, abrió la cajuela del vehículo y dijo:
_ Necesito que algún caballero me ayude a bajar el cuerpo. Todos se miraron y finalmente miraron al pastor. ¡Sin remedio, el hijo de Fela debía ser el ayudante funerario!

_ Yo voy a subir a cortar el cable, usted sosténgalo en lo que yo bajo. ¡Ay, madre del alma, qué experiencia aquella! Era de madrugada cundo bajamos el cuerpo, debía irme a dormir algunas horas porque tenía que ir a trabajar. Llegué a la casa, en ese entonces era soltero y vivía con mis viejos, para intentar dormir un poco. Sencillamente eso fue lo que hice "intentar". Continuamente daba vueltas en la cama recreando las escenas que había vivido aquella fatídica noche. No pudiendo conciliar el sueño, me levanté para ir al trabajo; debía hacerlo. Aquel día yo estaba medio aturdido, con los ojos como dos lamparones, y las borrascosas escenas de la noche anterior dándome vueltas en la cabeza.

¡Las cosas que le suceden a los pastores, Dios amado! Entendí que fui llamado a cuidar las ovejas de mi Padre, pero allí estaba, como parte de mi tarea pastoral, siendo ayudante funerario. Cuando, como Samuel, respondí a la voz del Señor, debía hacer todo para lo que Él me había llamado. ¡Gracias al Señor que nos da fuerzas para continuar adelante en medio de toda clase de circunstancia!

7

La fe mueve el barro

De cierto os digo, que, si tuviereis fe,
y no dudareis, no sólo haréis esto de
la higuera, sino que si a este monte dijereis:
Quítate y échate en el mar, será hecho.
Mateo 21:21

La primera vez que abrimos la zanja para preparar los cimientos de nuestro templo, estaba conmigo el amado hermano Juan Rodríguez. Aquel hombre sencillo y atento, que tenía sus luchas igual que cualquier otro mortal, fue la persona que más me animó en la dura tarea de construir casa al Señor. Juan era parte del fruto que se había cosechado buscando aquellos tres industriales del ron clandestino. La zanja estaba preparada, pero no había recursos económicos para contratar un carpintero y comprar materiales.

El tiempo pasó, cayeron torrenciales aguaceros y la zanja se fue derrumbando hasta quedar virtualmente tapada. Con la misma persistencia volvimos a trabajar en la zanja, con la fe puesta en el dueño del oro y la plata. ¡Juan era un trabajador incansable y su tenacidad me animaba a invitarle nuévamente a mover el barro que tapaba la zanja! Aquel barro era el símbolo perfecto de los tropiezos y dificultades que intentan impedir el desarrollo de la obra del Señor y sobre todo intentan desanimarnos. Una y otra vez nos dimos a la tarea de abrir la zanja, y de igual forma los aguaceros la derrumbaban. En ese tiempo no contábamos con recursos económicos para emprender la construcción del templo, pero teníamos la confianza puesta en Dios; ¡los recursos económicos llegarían!

Los recursos económicos llegaron y nuevamente abrimos la zanja, los cimientos se pusieron; la construcción no se detendría de ahí en adelante. Trabajábamos los sábados, y otros días que estuvieran disponibles, en la construcción de lo que sería nuestro templo propio. Cuando faltaban materiales, el cielo se abría y derramaba en sobreabundancia los recursos necesarios. De igual forma cuando necesitábamos "mano de obra" aparecían hermanos de otras congregaciones, amigos, vecinos, etc. ¡La obra no se detuvo!

El barro que tapó en muchas ocasiones la zanja ya estaba en su lugar; la fe no sólo mueve montañas, mueve también el barro que quiere hacernos dudar de las maravillosas y fieles promesas del dueño de las ovejas. Hoy, en el Sector Córdova del Barrio Sabana Hoyos de Arecibo, se levanta majestuoso aquel templo que una vez se comenzó por fe, moviendo barro.

8

El amor toca a la puerta

"Y dijo Jehová Dios: No es bueno que el hombre esté solo; le haré ayuda idónea para él."

Génesis 2:18

Comencé a cuidar las ovejas de mi padre siendo un joven soltero de veinticinco años. Esperaba dirección divina para tomar una de las decisiones más importante en la formación de un pastor idóneo. Aunque había tenido algunos atisbos esporádicos no había llegado mi turno; ¡tampoco estaba ansioso por ello! Sabía que mi ayuda idónea estaba en algún lugar y que llegaría ese momento. Oraba intensamente sobre el particular sabiendo la importancia que es para un pastor hacer una sabia decisión para encontrar la mujer que comparta la tarea en el redil.

En una de las visitas que hacía a la familia de Cheo, el que comenzó la obra en Córdova, me presentaron dos hermanas de Sara, su esposa. ¡Fui sorprendido desprevenido! No soñaba que aquel saludo sería el preludio de una maravillosa relación. Cuando vi a Irene, una de las dos hermanas de Sara, mi corazón se aceleró como nunca; ¡pero disimulé lo más que pude!

No encontraba la ocasión de poder saludar nuevamente la joven aquella que prendó mi corazón. Pero ¡qué buenos es el Señor! Por aquel tiempo había tratado de aprender a tocar guitarra, pero lo único que pasó fue que, haciendo el esfuerzo, apretaba demasiado los dedos para marcar tonos y como consecuencia me apareció un hongo en una uña de la mano izquierda. La Palabra de Dios afirma: *"Y sabemos que a los que aman a Dios, todas las cosas les ayudan a bien, esto es, a los que conforme a su propósito son llamados."* **Romanos 8:28** En una conversación con Sara salió a relucir que su hermana Irene trabajaba en la oficina de un dermatólogo. ¡Hay Poder!

Finalmente hablé con Irene y me dijo que debía hacer un "cultivo" del hongo de la uña para saber qué tipo de hongo era. ¡Se hizo como ella dijo! Pero "dándole seguimiento al caso del hongo" continuamos nuestros diálogos y… ¡lo demás es historia! Para aquel tiempo yo trabajaba en Arecibo, en el Departamento del Trabajo y ella trabajaba en una oficina médica del mismo pueblo. En ocasiones nos comunicábamos o nos veíamos en algún lugar en las horas de almuerzo. Visité su casa para hablar con el que sería mi suegro, Don Anastasio Cabán Ayala, y me recibieron con mucho cariño. En adelante iba un día de la semana a visitarla, y estuvimos año y medio de noviazgo. ¡Estaba extremadamente enamorado!

Finalmente, el 17 de diciembre de 1977, el presbítero para aquel entonces, el Rev. Israel Laureano, nos dio la bendición nupcial en el templo de la Iglesia de Dios Pentecostal, M.I. del pueblo de Barceloneta. Aquella hermosa joven que conocí algunos meses después de comenzar a cuidar las ovejas de mi Padre me ha acompañado por cerca de cuarenta y cuatro años. Irene ha sido mi ayuda idónea en todas las áreas de mi vida. Juntos hemos pasado "la zarza y el guayacán" y el Señor nos ha bendecido con tres hijos y cinco nietos. Mi familia es el más grande tesoro que el Padre me ha dado en la tierra mientras cuido sus ovejas.

Si Jehová afirmó que no era bueno que el hombre estuviera solo, esa es una verdad irrefutable. Cuando estamos al cuidado de las ovejas del Padre se hace real y evidente la necesaria presencia de "la pastora". ¡Cuán grande bendición es tener a nuestro lado una ayuda idónea que ama a la familia, pero ama, además las ovejas del Padre!

9

Pastor, esposo y padre

*"que gobierne bien su casa, que
tenga a sus hijos en sujeción con
toda honestidad."*

1 Timoteo 3:4

No había pasado un año de nuestra boda cuando nos convertimos en padres. El 1 de noviembre nació nuestro primer hijo al que llamamos Manuel. Ser padres es una experiencia indescriptible, el futuro de ese ser que ha llegado al mundo en gran medida dependerá de cómo lo criemos. Hacer un balance entre la familia y la tarea pastoral es uno de los renglones que requiere más sabiduría y dirección divina.

Las tres construcciones en que estaba inmerso no deberían ser excusa para dedicar tiempo a mi esposa y mi recién nacido hijo. ¡Qué maravillosa es la vida en familia! Disfrutar un ambiente familiar de paz y armonía es uno de momentos vitales que se están perdiendo; aún las familias cristianas están fraccionadas hoy. Pasábamos tiempo, sencillamente, mirando el dormir, el despertar o el mover de aquella hermosa criatura. ¡Cuánto lo disfrutábamos, el mundo se detenía para nosotros!

Según pasaban los días al cuidado de las ovejas de mi Padre más responsabilidades recaían sobre nosotros. El grupo se iba haciendo más heterogéneo, Hicimos una "alianza" muy hermosa con dos congregaciones, que, al igual que nosotros estaban en construcción. Una congregación Defensores de la Fe, una Menonita y la naciente congregación Pentecostal, M.I., impactábamos juntos, cada sábado, las comunidades en la que ministrábamos. ¡Si el pueblo de Dios llegara a apreciar el valor de la unidad! Aquella iniciativa rindió frutos extraordinarios.

Estando al cuidado de las ovejas de mi Padre en Córdova nació nuestro segundo tesoro. En la casa pastoral había más bullicio. Samuel, que así llamamos a nuestro segundo retoño, tenía la atención de todos; ¡hasta Nolo, apodo de nuestro primer hijo, no salía del cuarto donde estaba el bebé! Si lloraba salía corriendo a dar aviso. ¡Cuánta alegría y bendición traen los niños al hogar! ¡Gracias, Señor, por mis santos hijos!

La congregación marchó a tal paso que tuvimos que mudarnos al lugar de construcción cuando sólo estaba en paredes. Solicitamos al vecino más cercano que nos prestara energía eléctrica e improvisamos un santuario. ¡Cuán bendecidos nos sentíamos y qué presencia disfrutábamos! Aunque la construcción continuaba, hacíamos malabares para seguir usando las facilidades.

Las tres construcciones avanzaban, unas más lentas que las otras, pero podíamos ver constantemente la mano todopoderosa del Padre, interviniendo a favor de sus ovejas. Aquella temporada, corriendo lo que sería el primer tramo de nuestro maratón pastoral, era sencillamente hermosa: almas rescatadas, vidas transformadas, familias abrazando la fe en Jesús, y personas entregadas totalmente a la vida en el redil. ¡Que delicia sentía cuidando las ovejas de mi Padre! El que no disfruta la tarea pastoral, aunque pase diversas y múltiples dificultades, debería reflexionar sobre la procedencia de su llamado.

10

Dos galletas... sin café

"a cualquiera que te hiera en la mejilla
derecha, vuélvele también la otra;"
Mateo 5:39

Las reuniones de oración han sido uno de los pilares de mi visión pastoral. ¡Cuánto se ha abandonado esa parte esencial en el cuido de las ovejas del Padre! *"Confesaos vuestras ofensas unos a otros, y orad unos por otros, para que seáis sanados. La oración eficaz del justo puede mucho.* **Santiago 5:16** En aquellas reuniones de oración se experimentaba la sanidad física, emocional y espiritual. ¡Qué grato sentir la liberación de las ovejas y la vida de entrega que seguía!

En una de esas reuniones de oración llegó una vecina de nuestra comunidad. Estaba la mujer agobiada por las ataduras, su mirada perdida, no conocía la paz. Me hablaron de ella, y terminado un tiempo de oración la llamamos para orar juntos. Lo que sucedió mientras orábamos era algo que sucedía muy seguido en estas circunstancias. La señora cayó al suelo y se revolcaba sin parar. En un momento dado se levantó súbitamente y salió del templo.

Lo que sucedió a las afueras del templo lo he considerado una novatada; en la que, por mi falta de experiencia, me apresuré a intervenir como no debía. En vez de enviar dos hermanas de las que tenían más madurez a traer de vuelta a la señora, me fui a buscarla con mi santa esposa Irene. Al llegar donde ella e invitarla a entrar hizo como si me fuera a dar un abrazo; a renglón seguido, me dio con "las fuerzas del demonio" dos galletas que todavía me duelen las mejillas. ¡En ese instante dejé de estar en el espíritu y me puse en la "chuletas"! No recuerdo como llevé la señora adentro, pero entró. ¡Gracias al Señor por su misericordia!

La señora quedó totalmente libre y recibió a Jesús como su Señor y salvador. En la semana fui con Irene a visitarla y nos dijo que se sentía avergonzada. Le hablamos del amor del Señor y su misericordia para con sus hijos. Aquella mujer que llegó atada a la casa del Señor luego fue una fiel creyente y se insertó en el trabajo del redil.

Aquellas dos galletas… sin café, que me dio la hermanita; fueron, ¡gracias, Señor!, las únicas que recibí cuidando las ovejas de mi Padre. No me dio, la hermanita, oportunidad de "poner la otra mejilla" porque me dio las dos galletas simultáneamente.

La amarga experiencia de aquellas cachetadas fue una triste y dolorosa lección que recordé en toda circunstancia similar que enfrenté en la tarea pastoral. En las congregaciones que se permite al Espíritu Santo actuar libremente, de seguro surgirán estas manifestaciones y su necesaria liberación. La ayuda de los ujieres, diáconos, diaconisas, ancianos; o como quiera que se llame a los que ayudan en la ministración, es esencial cuando trabajamos con estas situaciones en el redil. ¡De aquellas dos galletas... me deben el café! ¡Qué novatada, Fela de mi alma!

11

¿Errores de juventud?

*"Antes vosotros sabéis que para lo que
me ha sido necesario a mí y a los que están
conmigo, estas manos me han servido."*
Hechos 20:34

Cuando recordamos los pasos que nos condujeron a ser pastores idóneos para cuidar las ovejas del Padre nos damos cuenta de los errores que cometimos. Unos garrafales, otros pasables por falta de experiencia, algunos por ligerezas, pero todos errores que conllevaron consecuencias. Los errores, si los sabemos analizar, son los maestros que nos ayudarán a hacerlo mejor más adelante. Los errores, aunque hayamos salido airosos de ellos, trastocarán nuestra tarea pastoral.

He cometido muchos errores en la misión de cuidar las ovejas de mi Padre. Uno de ellos, con vergüenza lo digo, me hizo herir, en cierta medida, los sentimientos de algunos de los corderos del rebaño. Había dejado instrucciones específicas a un líder de la iglesia sobre una visita para confraternizar con otra congregación. Era año de elecciones y las actividades proselitistas estaban por todas partes. Había una actividad masiva en el parque de la comunidad y el tránsito estaba pesado. El líder encargado del viaje, ¡que le encantaba el "chijí- chijá" de la política!, con la excusa del tránsito, no fue al culto de confraternización y se fue a la actividad política. Era un lunes y yo estaba como profesor en Mizpa.

Cuando me informaron que el grupo no había ido a donde se le había encomendado me di a la tarea de indagar las razones. Me dieron algunas excusas bobas y ¡eso fue todo! ¡Estaba molesto! ¡Debía arreglar cuentas con los responsables!

Llegó el martes, era reunión de oración y no teníamos, esa noche, energía eléctrica. Terminó el periodo de oración y me hice de una linterna como apuntador. Me fui línea por línea apuntando a cada asistente con la linterna como si fuera un rifle AR-15. ¿Usted se fue al "mitin"? ¡Ay!, mi Señor, ¡cuántos errores cometemos muchas veces!

Para mi sorpresa, cerca de doce feligreses se habían ido al mitin. Les dije: _ por ser esta una congregación nueva, los que se fueron al mitin

estarán sin ninguna participación durante un mes.
¡Ay, madre del alma, qué atrevimientos aquellos!
Los hermanitos recibieron aquella reprimenda, se
mantuvieron fieles, y algunos, hasta me agradecieron
lo que había hecho. Había orientado a la congregación
con relación a las actividades proselitistas de los
políticos, pero fui un tanto irrespetuoso en el modo
de enfrentar aquella situación. Podemos tener toda
la razón en algún asunto, pero eso no nos da licencia
para usar cualquier método que hiera a nuestros
hermanos.

12

¿Peor que un dictador?

"Bienaventurados sois cuando por mi causa
os vituperen y os persigan, y digan toda
clase de mal contra vosotros, mintiendo."
Mateo 5:11

La tarea pastoral es como conducir por una avenida muy transitada y peligrosa, no sabes que percance te espera más adelante. Las personas que has ayudado en medio de situaciones difíciles no necesariamente se muestran agradecidas. El *"que es llamado por Dios, como lo fue Aarón"*, debe cumplir su ministerio, aunque no sea muy apreciado, ni bien remunerado. Nos encontramos con personas insensibles, gente ingrata y "piedras en el zapato".

Después del incidente aquel donde fueron amonestados los que no fueron al culto de confraternización por estar en un mitin politiquero, uno de los diciplinados me encaró muy molesto. _ ¡Tú eres peor que Hitler!, me dijo apuntándome con el dedo. Aquel líder era muy apreciado por mí y por toda la congregación, pero no soportaba la corrección. Dejé que se desahogara y dijera todo lo que sentía. Me recriminó sobre la forma que había actuado aquella noche que no teníamos energía eléctrica, etc. Si algo se requiere de un pastor idóneo para cuidar las ovejas del Padre es que sepa escuchar y hacerlo con sinceridad. Muchas veces, en los hogares nadie escucha, en los lugares de trabajo, menos; sólo queda la iglesia, allí se debe escuchar al que no es escuchado en ningún otro lugar.

Le explique a mi buen hermano que no siempre las personas están de acuerdo en todo; pero que el pastor tiene el deber de enseñar la Palabra y moldear la vida del rebaño. Se fue calmando, bajando las revoluciones y finalmente nos dimos un abrazo; ¡allí quedó todo! ¡Se había desahogado! Cuando alguien se nos acerca con piedras en las manos, tenga o no razón, debemos estar dispuestos a ser sensibles, algo ha molestado o herido esa oveja y nuestro deber es ayudarla a sanar.

Algunas veces lo pastores parecen ser autoritarios, y otras veces lo son; en cualquiera de las circunstancias debemos pedir al Señor de las ovejas hacer un balance entre la autoridad delegada y la usurpada. ¡No es fácil encontrar ese punto! Otra verdad que debemos recordar es que los que nos hieren, en la mayoría de los casos, son personas que han sido heridas, y aún no han sanado. ¡Que el Señor nos conceda la sabiduría y la gracia para ayudarlos a sanar!

13

Buscando otro empleo

"Entonces Jehová abrió la boca al asna,
la cual dijo a Balaam: ¿Qué te he hecho,
que me has azotado estas tres veces?"
Números 22:28

Llevaba cuatro años cuidando las ovejas de mi Padre, la congregación demandaba más tiempo y yo continuaba trabajando a tiempo completo en el Departamento del Trabajo. Para ese tiempo, debido a los deberes de mi plaza, alternaba las oficinas de Arecibo y Manatí. Oraba al Señor que me dirigiera en cuanto al momento adecuado de dedicarme a tiempo completo a la tarea pastoral. Nunca me he precipitado a tomar decisiones sobre el qué o el cómo hacer el trabajo para el que fui llamado por el Señor.

Orando intensamente sobre lo que debía hacer sucedió algo que, al parecer, no tenía un ápice de sentido. Una compañía de seguros buscaba una persona para establecer una sucursal en el pueblo de Manatí. El representante de la compañía citaba a personas interesadas y venía un día a la semana a hacer las entrevistas. Pasaron los meses y no encontraban la persona que cumpliera los requisitos para la plaza. Un día, hablando informalmente con el representante de la compañía, me pregunta si estaría interesado en la plaza, pues según él, yo llenaba a cabalidad los requisitos y expectativas de la empresa.

¡Vaya inconsistencia! Estaba orando en la búsqueda de dirección y consejo para dedicarme solamente a la tarea pastoral y ahora estaba buscando otro empleo. ¡Fui a la entrevista, aunque usted no lo crea! Me atendió el oficial a cargo de recursos humanos y ¡todo iba cómo miel sobre hojuelas! El buen hombre me estaba instruyendo sobre todo el papeleo que debía cumplimentar, ¡el trabajo era mío!

El **Salmo 135:6** afirma: ***"Todo lo que Jehová quiere, lo hace, En los cielos y en la tierra, en los mares y en todos los abismos."*** Cuando ya me disponía a comenzar con el papeleo el entrevistador agregó un dato sobre el empleo que no había mencionado antes: _ "La mayoría de los clientes con los que vas a trabajar son dueños de negocios, agricultores, etc., se deben visitar en las tardes o por las noches."

Cuando escuché lo de "las tardes o las noches" le informé algo que tampoco le había dicho: _ "Soy pastor, esto me puede confligir con el trabajo". Cuando el hombre escuchó lo que dije, con mucha calma recogió los papeles que me había dado, y los fue colocando en el lugar correspondiente. No sé si el hombre era creyente, religioso. ateo, o cualquier otra cosa. Se arrellanó en su silla y me dio en la cara con un sermón que no fui preparado a escuchar: ¡Si usted es pastor, dedíquese a eso, no puede atender dos cosas a la vez! ¡Alguna de ellas va a descuidar!

Un poco avergonzado salí de aquella oficina. Dios había usado aquella "asna' para llamarme la atención. Mientras conducía a mi casa, me decía a mí mismo: ¡bueno que te haya pasado! ¡Estás orando para dedicarte por completo a cuidar las ovejas del Padre y sales a buscar otro empleo! Estaba a punto de llorar cuando recibí con más claridad el mensaje del dueño del redil. ¡Estaba decidido, me dedicaría a las ovejas de mi Padre!

Días después, hablé con mi esposa y escuché su parecer. Más tarde estaba presentando mi carta de renuncia al Gerente de área del Departamento del Trabajo. ¡Cuánta paz hay en el corazón cuando somos sensibles a la voz del Señor! Me dedique con todas las fuerzas que recibía a cuidar las ovejas de mi

Padre y ha sido un milagro tras otro. Hemos pasado momentos difíciles, estrecheces económicas, etc.; pero hemos visto la mano del Pastor de los pastores conduciendo nuestras vidas.

SEGUNDO TRAMO

1

Una transición inesperada

"Pasa a Macedonia y ayúdanos."
Hechos 16:9

La congregación marchaba victoriosa, el templo estaba casi concluido, se construyó la casa pastoral, se asfaltó el estacionamiento; y el pastor estaba en la mesa del alfarero. Las agonías pastorales, las necesidades de la familia del pastor, los dolores de parto para dar a luz palabra fresca a las ovejas; las noches de desvelo, etc.; esas áreas de la tarea pastoral pocos las ven. Muchos ven la parte pública y romántica del ministerio, pocos las intimidades. El que se ha sembrado en el redil para cuidar las ovejas del Padre camina adelante, aunque sea en medio de un mar embravecido.

Nuestra organización en Puerto Rico, la Iglesia de Dios Pentecostal, Movimiento Internacional, ha establecido distritos para un trabajo más efectivo. Cada distrito tiene un presbítero que hace de supervisor de las iglesias que lo componen. Hay reuniones o retiros mensuales para tratar los asuntos de la obra. En la década de los ochenta, si veías llegar al presbítero a la casa pastoral no traía siempre buenas noticias.

No había, al comienzo de la década de los ochenta, teléfonos móviles y en la zona rural llegaba lentamente el teléfono fijo. Por tal razón los presbíteros debían encargarse personalmente de ir a la casa de los pastores para instruirle sobre acuerdos del presidente sobre traslados a otros campos de labor. Las congregaciones, con pocas excepciones, aceptaban el traslado de sus pastores como algo normal y necesario.

Siempre he creído en la estabilidad pastoral: si quieres una iglesia estable, debes ser un pastor estable. Cuando el presbítero me habló de una transición pastoral, en aquella ocasión, no hubo reparos de mi parte ni de mi santa esposa. Los niños estaban muy pequeños para entender el porqué de ir a otra congregación. Aceptamos el llamado de ir a la congregación del Sector Ojo de Agua, en el Barrio Piedra Gorda de Camuy.

El domingo 1 de noviembre de 1981, el día en que mi hijo mayor apenas cumplía sus tres años y el menor uno, fuimos instalados como pastores de la iglesia de Piedra Gorda, así comenzamos el segundo tramo de nuestro maratón pastoral. Culminada la Escuela Bíblica, cerca de las 11:30 de la mañana de aquel domingo, comenzamos uno de los tiempos más turbulentos y de igual forma más bendecidos de nuestra misión cuidando las ovejas de mi padre.

La congregación de Córdova nos acompañó en aquel día agridulce. Estábamos dejando aquella gente que estaba sembrada en nuestro corazón para comenzar a amar a los que aún desconocíamos. ¡Cuánto lloramos y lloraron! Nos separamos como el Campeador se separó de su familia: como se aparta "la uña de la carne". Allá dejamos aquella gente que nos ayudó a formar, aquella gente sencilla, amorosa, dedicada. Allá dejamos a Juan, a Elisa y a sus niñas; dejamos a las "Bettys", a Chuíto y su familia; dejamos a los Maldonado de los Puertos; en fin, salimos con el corazón hecho pedazos a ayudar a sanar a otros que estaban igualmente doloridos.

¡Qué bueno, que la gente de Piedra Gorda nos acogió con tanto amor que nuestro corazón sanó apresuradamente! Podemos afirmar acertadamente que llegamos a una iglesia que había tomado un buen descanso y estaba deseosa de poner manos a la obra. Era una iglesia con trayectoria, con feligreses que amaban al Señor durante muchos años, que habían formado sus familias en una congregación estable.

De la misma manera que se le apareció a Pablo aquel varón macedonio y él guiado por el Espíritu acudió allá, nosotros aceptamos con agrado el llamado que de Piedra Gorda vino. Lo aceptamos con mucho temor y temblor pues era un cambio que no esperábamos tan ligero. No teníamos duda del llamado del Padre a cuidar sus ovejas, pero las transiciones pastorales son tiempos turbulentos y, muchas veces, llenos de ansiedad y plagado de expectativas. ¡Qué bueno! ¡El Señor nos dio su gracia!

2

Despertando a la realidad

"Pues me temo que cuando llegue,
no os halle tales como quiero, y yo
sea hallado de vosotros cual no queréis;"
2 Corintios 12:20

Tan pronto nos fue posible nos mudamos a la casa pastoral recién construida, que había sido eje de algunas discordias y controversias entre los hermanos. En unos cuatro o cinco días la cabeza me daba vueltas de tantas situaciones con las que me abrumaron los que estaban deseosos de "explotar" las controversias que habían provocado la transición pastoral. Uno tras otro se me acercaba a lo sucusumucu esperando que los demás no se dieran cuenta. El presbítero, ni ningún otro oficial me habían informado en el lío que me habían metido.

A mi llegada al nuevo rebaño traté de conocer lo más rápido que pude los protagonistas de las intrincadas situaciones en las que debía trabajar. La primera invitación nos la hizo el tesorero de la congregación que en aquel momento fungía como el líder principal de la Junta Local … y de la congregación. Me recibieron con un delicioso café y con bastante entusiasmo. Me alagaron, comparándome con un noble varón de Dios que había pastoreado la congregación y había dejado buenos frutos y recuerdos. Después de una amena conversación nos despedimos de aquella linda familia, agradecido por la bondad del Señor.

Pasaron los meses y las tensiones que habían permeado el ambiente de aquella hermosa iglesia se iban disipando. Había un ambiente de adoración en las reuniones y el gozo del Señor nos estaba fortaleciendo. Como no conocíamos de antemano aquella congregación, cada día que pasaba eran nuevas lecciones, más aprendizaje; y un cúmulo de nuevas experiencias nos iban equipando para hacer con diligencia la bendita tarea de cuidar las ovejas de mi Padre.

Había, entre las situaciones difíciles que encontramos, una retención de informes mensuales, que era reglamentario, pero que no se habían enviado a la oficina central de nuestra organización. Eran informes de seis meses, los meses en que se habían incubado aquellas batallas internas que drenaban las fuerzas de aquel rebaño del Padre. Finalmente, surgió el milagro, se enviaron los informes, se dio por concluida aquella triste historia y la congregación recobró fuerzas para continuar con su misión de proclamar el evangelio de Jesucristo.

Estando en esta hermosa congregación desperté a una de las realidades que en adelante tendría en cuenta cuidando las ovejas del Padre: por dinámica, espiritual y consagrada sea una congregación siempre habrá situaciones difíciles e intrincadas que enfrentar, que sólo el dueño de las ovejas puede darnos la gracia y la sabiduría para sobrevivirlas. No importa lo hábiles que creamos que somos, o la preparación académica que poseamos, hay unas fases del ministerio pastoral que requieren total dependencia del cielo. ¡Qué bueno que enfrenté y aprendí esa verdad comenzando la carrera!

No puedo afirmar que en Piedra Gorda encontré algo distinto de lo que me habían dicho, porque nadie me había informado sobre el estado de aquel rebaño. Aprendí que cada congregación tiene su propia dinámica y sus peculiares situaciones. El remedio que se aplica en una congregación para resolver o atajar un problema, no necesariamente funciona en la otra. Se necesita una consulta constante con el dueño de las ovejas, Él sí conoce el corazón de cada uno y el ambiente de cada rebaño.

3

Cuando el líder
no es el pastor

"¿Quién te ha puesto a ti por príncipe
y juez sobre nosotros?"
Éxodo 2:14

¡Qué situaciones se viven en las congregaciones! Cuando escribo, se viven, es porque el pastor, más que ninguna otra persona, saborea cada resultado del trajín de la congregación. Aún en el mundo secular se asume que el líder de una congregación es el pastor, o debe serlo. Sin embargo, se suscitan en el rebaño situaciones peregrinas en las que, por su trayectoria, influencia o dinamismo, un líder laico se hace de la vara y el cayado que no le corresponden. Cuando comencé el segundo tramo de nuestro maratón pastoral me encontré con esa extraña situación: el líder de la congregación no era el pastor.

¿Es que acaso una oveja puede conducir el rebaño? Se ha dicho que los rebaños, manadas o bandadas tienen miembros que por su antigüedad, liderazgo o bravura se han convertido en el modelo o líder que hay que seguir. Hay evidencia de las feroces batallas de dos poderosos, leones, búfalos u otros animales, disputándose el liderazgo de la manada. Salvando las debidas distancias entre los animales feroces y las ovejas, hay rebaños en que el pastor ha tomado una larga siesta y las ovejas necesitan un nuevo líder. Aunque esa situación es posible, no es la correcta.

No importando la idiosincrasia del rebaño se requiere de un pastor como líder indiscutible. Cuando el líder no es el pastor, la congregación será un territorio de confusión y caos. ¡Cuántas tragedias ha ocurrido por no haberse dado las señales o directrices inequívocas! En el rebaño no puede haber dos "pastores" dando instrucciones diferentes. El mismo Jesús nos dio la clave de esta verdad: **"También tengo otras ovejas que no son de este redil; aquéllas también debo traer, y oirán mi voz;** *y habrá un rebaño, y un pastor.***"** **Juan 10:16**

Cuando me percaté de aquella anómala situación no entré en pánico. Recordé algo que escuchaba de niño en mi barrio: _ "Para el pitirre vencer al guaraguao tiene que metérsele bajo el ala y comenzar a picar hasta que el ave de rapiña pierde el equilibrio y se precipita a tierra." Me dejé llevar por las directrices del líder mientras me metía debajo de su ala. Luego tomando sus "consejos", él mismo se dio cuenta de que estaba trabajando con un líder y se fue "saliendo" del medio para que la corriente no se lo llevara.

Nos tomó poco más de un largo año en ganarme el lugar de líder indiscutible de la congregación; desde entonces la congregación vivió la palabra del Pastor de los pastores: "había **un** rebaño y **un** pastor." Aquel líder no se sacó de carrera, ni fue obligado a sentarse; al contrario, le delegamos el Comité para la reconstrucción del nuestro templo e hizo una extraordinaria labor.

Aquel buen hombre no sólo siguió integrado en las labores del rebaño, puedo afirmar que se hizo mi amigo; aún después de mi traslado a otro rebaño mantuvimos nuestra buena amistad. Nunca le cuestioné a aquel líder lo que le habían cuestionado a Moisés: _ *"¿Quién te ha puesto a ti por príncipe* y juez sobre nosotros?" Hay líderes que sencillamente el pueblo los empuja a acomodarse en el vacío de liderazgo que ha surgido en momentos determinados, de ahí la importancia de que los pastores asumamos en el rebaño el lugar que el Padre nos ha asignado. Estoy más que agradecido de mi Señor que me dio su gracia y me cubrió con su misericordia para capear aquella tormenta.

4

Madrugaré a buscarte

"Con mi alma te he deseado en la noche, y en tanto que me dure el espíritu dentro de mí, madrugaré a buscarte."

Isaías 26:9

Se ha dicho que el sueño más delicioso es el de la madrugada. Pienso que por esa razón es que se hace un tanto difícil levantarse de madrugada. Sin embargo, es un hecho que las mejores horas para orar, meditar y estar a solas con el Señor de las ovejas son las de la madrugada. En Piedra Gorda convocamos a la congregación a venir al templo de mañana, a las cinco, específicamente, para buscar el rostro del Señor. ¡Qué tiempos y cuántas experiencias hermosas! ¡Siempre había un grupo de rodillas clamando al Padre por su pueblo!

Aquellas mañanas de oración tuvieron su esperado efecto: hubo un despertamiento espiritual en Piedra Gorda. ¡Cuántas almas se unieron al rebaño del

Padre! La congregación estaba envuelta en diversas actividades: evangelísticas, de discipulado, etc. La mayoría de la congregación estaba activa. Las hermanas hacían actividades para allegar fondos para la reconstrucción del templo que estaba propuesta. Era una verdadera iglesia en marcha.

En ocasiones nos trasladábamos a una capilla de extensión que tenía la iglesia en el Barrio Puertos; ¡allá se prendió el fogón también! Fue un tiempo de mucho sembrar y de bastante cosechar. ¡Teníamos una visitación especial del cielo! Hicimos una campaña de evangelización de todo un mes, le llamamos Mes de Ensanchamiento; ¡que fiestas aquellas que llevamos a todos los rincones a nuestro alcance! Había una iglesia activa, totalmente movilizada, con el mayor deseo de proclamar a Jesucristo.

Los resultados de aquellos tiempos de oración fueron extraordinarios. ¡El Señor escucha el clamor de su pueblo que de mañana le busca! Recuerdo que algunos ancianos tenían el anhelo de orar, venían de madrugada, pero los años le pasaban la factura y dormían en el altar; ¡pero estaban allí, en la batalla, aunque sea con el sueño! Sé que el dueño de las ovejas veía su corazón y su intensión.

Sería injusto de mi parte dejar de mencionar alguno de los hermanos y hermanas que corrieron la milla extra aquellas madrugadas: allí estaba, casi siempre, la hermana Julia Tirado, y Nicolás; Tano con su esposa, la familia Serrano, Sebastián y Lauro; Genara Hernández, Gilberto, etc.; personas que sentían conmigo el peso de la obra. Hubo muchos más que estaban en oración cada mañana, pero escapan a mi memoria. ¡Dios recompense a cada uno conforme a su amor y misericordia! ¡Gracias por estar allí conmigo!

5

La complicada tarea de reconstruir

"Y muchos de los sacerdotes, de los levitas
y de los jefes de casas paternas, ancianos
que habían visto la casa primera, viendo
echar los cimientos de esta casa, lloraban
en alta voz, mientras muchos otros daban
grandes gritos de alegría."

Esdras 3:12

Cuando comenzamos la tarea de cuidar las ovejas de mi padre nos enfrentamos a la obligación de construir nuestro templo, ya que, como afirmé al principio, comenzamos en un lugar prestado. La principal labor del que es llamado a la tarea pastoral es cuidar y dar alimento al rebaño; sin embargo el lugar de reunión es de vital importancia en el tiempo presente. En épocas pasadas las casas eran los lugares de culto, en países donde la iglesia es perseguida los hogares es la alternativa, en occidente los templos se han convertido, lamentablemente, en sinónimos de la salud de la iglesia.

La congregación en Piedra Gorda necesitaba ensanchar el sitio de su cabaña; el ritmo de crecimiento lo ameritaba con urgencia. Nos entregamos a la tarea de proyectarnos hacia el futuro, la reconstrucción sería un tanto complicada ya que no teníamos un lugar provisional donde mudarnos. La iglesia, entonces, compró un terreno en el Barrio Camuy Arriba, donde trabajábamos un campo de extensión. Acordamos construir un templo nuevo en aquel solar adquirido que nos sirviera de santuario durante la reconstrucción del templo principal. Habíamos explorado, inclusive, la idea de construir el templo principal allí, pero la idea no prosperó. El templo que serviría de capilla de extensión y santuario temporero tendría las medidas y capacidad del lugar principal y usaríamos techo, ventanas y mobiliario que teníamos en el templo principal.

Trabajamos la reconstrucción del templo principal y la construcción de la capilla de extensión simultáneamente. ¡Qué hermoso es ver una congregación trabajando! A los carpinteros se les pagaba, los ayudantes eran miembros de la congregación que voluntariamente ponían manos a la obra. La tarea era ardua, pero todo marchaba como habíamos planificado, había gran expectativa y mucho entusiasmo.

Si de una cosa debe estar claro un pastor cuando emprende la tarea de construir o reconstruir casa al Señor es que haya un balance entre el avance de la obra y la vida espiritual de la congregación. Si se dedica todo esfuerzo a la labor material nos exponemos a estar vulnerables a las tramas del enemigo. Hay iglesias que han concluido la construcción de un hermoso templo con una congregación en ruinas; ese peligro debemos evitarlo.

Concluido el edificio que nos serviría de santuario provisional, pusimos todo nuestro empeño en la ampliación y remodelación del templo principal. No faltaron los escollos, ni los contratiempos, pero el Señor nos dio fuerzas para avanzar en la tarea y que la obra fuese concluida. Se hizo la ceremonia oficial de reinauguración y la iglesia continuó adelante con su trabajo de proclamación y evangelización. Nunca olvido la adaptación que hizo la hermana Julia Tirado del cántico "¡Pierda Gorda en venturosa ya! Podíamos con mucha alegría vivir lo que experimentó Samaria cuando Felipe les predicó a Cristo: *"Así que había gran gozo en aquella ciudad."* **Hechos 8:8**

6

¡Ay, la política!

"Y les dijo: Dad, pues, a César
lo que es de César, y a Dios lo
que es de Dios."

Mateo 22:21

¡Hay mezclas que son peligrosas! La iglesia es el cuerpo de Cristo, su misión es proclamar el evangelio. En todas las congregaciones hay personas con diversas creencias, tendencias o ideologías políticas, es un derecho como ciudadanos temporales de nuestra nación. Creo que, especialmente los pastores, debemos mantenernos al margen de las controversias político-partidistas mientras estemos al cuidado de las ovejas del Padre.

Comenzando esta carrera tuve una situación embarazosa cuando un grupo de feligreses, relativamente niños en Cristo incumplieron unas directrices pastorales por participar de un mitin político. En mi segundo tramo de nuestro maratón pastoral me enfrenté a una situación similar, pero con creyentes que llevaban mucho tiempo como parte de la congregación. Siempre he creído que la política partidista es para los que viven de ello, los pastores aspiramos a cosas mejores. Cuando la politiquería nos traga somos inhabilitados para estar en los negocios del Padre. La política partidista ciega, embrutece y hace de la mentira una manera de vivir.

En un año eleccionario un grupo de feligreses se convoyaron con el fin de participar en una actividad proselitista de uno de los partidos principales de nuestro país. Los que participaron de esa actividad política, en su mayoría, eran líderes influyentes de nuestra congregación y algunos jóvenes. Aquella "escapada" seguramente tendría repercusiones en la congregación; ¡y las tuvo! Llegaron los comentarios, las preocupaciones, las exageraciones, como regularmente pasa en comunidades de fe.

Los que no están en los zapatos del pastor resuelven las situaciones en un santiamén. En aquel tiempo era una situación embarazosa que se debía atender, hoy, quizás, sería algo rutinario. Nos informamos quiénes de la congregación estaban en aquella actividad partidista y procedimos a disciplinarlos. Como consecuencia de mis medidas ¡se prendió el fogón! Algunos llamaron al presbítero, a la oficina regional de nuestra organización, etc., trataron de apelar a todos los foros a los que podían, sin resultado alguno. Después de una reunión de la Junta Local con el cabecilla de la situación, cada uno aceptó las consecuencias y pasados los seis meses la mayoría se reintegró al trabajo en el redil.

Mirando hacia atrás, de nada debo arrepentirme con relación de mi actitud hacia la política partidista. Algunos, mayormente jóvenes, agradecieron mis acciones ya que sentaron cabeza y tomaron más en serio la vida en el redil. De aquellas ovejas disciplinadas el Señor le plació llamar al santo ministerio a una joven que ha llegado al liderazgo de nuestra organización. *"Todo lo que Jehová quiere lo hace..."* Salmo 135:6

7

Llega otro Echevarría

"Añádame Jehová otro hijo."
Génesis 30:24

Cuidando las ovejas de mi Padre en Piedra Gorda nos sentíamos bendecidos. La congregación había sido organizada y bien estructurada, la feligresía había aumentado considerablemente, vimos el crecimiento espiritual de aquella gente hermosa y económicamente estábamos estable. Este tramo de nuestro maratón pastoral fue una escuela en todas las áreas de la tarea pastoral. ¡Qué bien nos sentimos cuando vemos los frutos del trabajo unido de una congregación!

Para fines del año 1984 las bendiciones fueron aún mayores; el Señor nos premió con la concepción de nuestro tercer hijo. El periodo de gestación fue un tanto complicado y el médico ordenó a mi esposa estar en reposo los últimos meses de su embarazo. ¡Por fin llegó otro Echevarría! Nuestro hijo Jonathan nació el 29 de agosto. Ya que nuestros tres hijos nacieron por operaciones cesáreas la jefa debía estar en reposo bastante tiempo. Otra vez, aquella mujer pequeña de estatura, pero grande de corazón, la hermana Julia Tirado venía todos los días a ayudar en los quehaceres de la casa pastoral. ¡Nunca pagaremos aquel noble gesto de tan valerosa mujer de Dios!

Hay unas historias no escritas que rodean la trayectoria pastoral. Las ofrendas que salen del corazón del hermano o la hermana, del anciano o anciana, inclusive, de personas que no son parte de la congregación; los regalos sin que haya alguna actividad especial, los regalos a los hijos, etc. Esas historias de las hermanas que ayudan a la esposa del pastor, del que viene a reparar los artefactos dañados sin cobrar nada, los que arreglan el deterioro de la estructura por puro amor a la obra, etc. Esas historias casi nunca se escriben en libros, ¡se escriben en los corazones de los pastores y su familia!

Siempre he creído que el tesoro terrenal más grande de un pastor es su familia. Ahora teníamos tres hijos por los cuales trabajar y vivir, ¡la fábrica hubo que cerrarla por orden médica! Nuestros hijos mayores comenzaron sus experiencias preescolares y sus grados primarios en Piedra Gorda. Allí se pusieron los cimientos de su educación escolar y se encaminaron al servicio del redil. ¡Qué maravilloso sentir que la congregación ama a nuestros hijos! El amor de la congregación por la familia pastoral es un indicio de la relación del pastor con su iglesia.

Me parece como si fuese hoy ver a la hermana Ada Abraham con nuestro bebé en sus brazos por largo tiempo. Si ella se cansaba, venía la hermana Julia, la hermana Nélida u otra hermana a relevarla en la tarea. Esos hermosos e inolvidables detalles nunca se borran de nuestros corazones. ¡Gracias a todas!

8

El intérprete de sueños

"más he oído decir de ti, que
oyes sueños para interpretarlos."
Génesis 41:15

Una de las experiencias embarazosas que enfrentamos en el cuidado de las ovejas de mi Padre es que algunos feligreses piensan que el pastor sabe mucho de todas las cosas, inclusive, piensan que somos intérpretes de sueños. Fueron muchas las veces que se acercó alguien para contarme algún sueño esperando que le diera "luz" sobre su significado. Hubo épocas que el Señor habló a algunas personas en sueños; no habiendo profetas u otros medios para comunicarse con ellos.

Dios se comunica con sus hijos de la forma que quiera, Él es soberano, pero debemos tener claro lo que enseña la sagrada escritura: ***"Dios, habiendo hablado muchas veces y de muchas maneras en otro tiempo a los padres por los profetas,² en estos postreros días nos ha hablado por el Hijo, a quien*** *constituyó heredero de todo, y por quien asimismo hizo el universo;"* **Hebreos 1:1-2**

No tengo dudas que en este siglo nuestro Dios puede tratar en sueños con alguna persona; pero no es lo usual, hoy tenemos la Palabra escrita por medio de la cual el Señor se ha comunicado con el hombre. Sin embargo, hay creyentes que piensan que sus sueños son "revelaciones" del Señor. Muchas veces nos mandamos al cuerpo un plato de arroz con habichuelas y carne; o compramos unas cuantas frituras en el kiosco de la iglesia, poco antes de irnos a la cama y es obvio que soñemos con gallinas de cuatro patas y cerditos voladores como consecuencia de ello.

En una ocasión se me acercó un buen hermano afirmando que había tenido una "revelación" mientras oraba. Dicho sea de paso, que el hermanito al que hago alusión tomaba medicamentos que le producían somnolencia y dormía, en ocasiones, mientras oraba. Me dijo el hermanito que vio una pared llena de cucarachas bien unidas, que pudiera ser que el Señor le hablara de la unidad de la iglesia. Le dije al hermano que era obvio que el Señor no representara su iglesia con sabandijas asquerosas y me miró patidifuso pensando que se le había desmoronado la "revelación".

La forma más clara de Dios hablar hoy al hombre es por medio de su Palabra. El Apóstol Pedro nos aconseja: *"Tenemos también la palabra profética más segura, a la cual hacéis bien en estar atentos como a una antorcha que alumbra en lugar oscuro, hasta que el día esclarezca y el lucero de la mañana salga en vuestros corazones; [20] entendiendo primero esto, que ninguna profecía de la Escritura es de interpretación privada, [21] porque nunca la profecía fue traída por voluntad humana, sino que los santos hombres de Dios hablaron siendo inspirados por el Espíritu Santo."* **2 Pedro 1:19-21**

Debemos estar atentos a la Palabra de Dios que hemos recibido para orientar a las ovejas del Padre, de tal forma que no se confundan cuando algún sueño las perturbe. Los que estudian la conducta humana tienen múltiples teorías sobre los sueños; pero son, precisamente eso, teorías. No debemos esperar que el Señor trate con nosotros por medio de sueños, cuando tenemos su poderosa Palabra que es **"lámpara a nuestros pies y lumbrera a nuestro camino".**

9

Hijos lejos del redil

"Los hijos de Elí eran hombres impíos, y no tenían conocimiento de Jehová."
1 Samuel 2:12

Es muy triste ver toda una generación de hijos de creyentes deambular fuera del redil. Cuando corría el segundo tramo de nuestro maratón pastoral me percaté de esta pasmosa realidad: toda una generación de hijos descarriados que se habían levantado dentro de la iglesia del Señor. Sentí tanta compasión por aquellas ovejas que me propuse acercarme a ellos para auscultar su sentir. ¡Qué penosos aquellos diálogos! Algunos con lágrimas me narraban las peripecias que habían enfrentado en su niñez y juventud; otros llenos de rebeldía narraban sus calvarios a expensas de la iglesia.

¡El viejo es un hipócrita! ¡En la iglesia es una cosa y en casa era otra! ¡Nos trataban muy mal! ¡Nos obligaban a orar! ¡Me hacían pasar vergüenzas delante de otras personas! Eran algunos de los gritos de aquella generación que vivía lejos del redil. No había mucho argumento para debatir; era la experiencia de cada uno y desarmaban cualquier explicación razonable. Se me partía el corazón en aquella empresa, y, aunque vimos regresar algunos de aquellos corderos, otros estaban tan heridos que no aceptaron la invitación de volver a la casa del Padre.

¡Cuántos hijos heridos lejos del redil! Es un patrón que encontramos en muchas congregaciones; es una realidad que nos obliga a reflexionar sobre nuestro legado a las generaciones futuras. Ser creyente de una sola pieza es el reto para los que tenemos hijos o hijas a los cuales queremos encaminar en la senda del Señor. ¡Que vean nuestra conducta en casa y en la iglesia y puedan imitarla sin reservas! Ser cristiano es una manera de vivir, si vivimos esa filosofía de vida le daremos un buen ejemplo a nuestros hijos y a los hijos de nuestros hijos.

Me parte el corazón escuchar el grito lastimero de un pastor o una pastora lamentar el estado actual de sus hijos y en lo recóndito de su ser hay un sentimiento de culpa por no haberle dedicado el tiempo o darle la atención que esperaban. La responsabilidad de que nuestros hijos estén lejos del redil no siempre es de los padres, pero la forma más común de enfrentar esa triste realidad es culparnos o culpar la iglesia. A veces creo que es un gran misterio ese desenlace de ver los hijos lejos del redil, pero lo que nos corresponde es vivir una vida íntegra y darles el tiempo que necesitan para que nuestra conciencia no nos acuse continuamente.

Si le preguntamos a los padres que tienen la gran bendición de ver sus hijos o hijas inmersos en el ministerio de la iglesia lo más probable es que no saben a ciencia cierta la razón. Por otro lado si preguntamos a los que tienen sus hijos lejos del redil, tampoco lo pueden explicar con certeza. ¡Cada persona es un mundo y cada mundo es diferente! ¡Cuánto diéramos por ver nuestros hijos sirviendo fielmente al Señor y trabajando en su obra; pero ese precio es impagable porque en realidad no entendemos el misterio! ¡Que el Señor nos ayude!

10

Pastoreando pastores

*"Os rogamos, hermanos, que reconozcáis
a los que trabajan entre vosotros, y os
presiden en el Señor, y os amonestan;"*
1 Tesalonicenses 5:12

Toda la tarea pastoral es delicada y demanda entrega y sacrificio, pero hay un aspecto que requiere un tacto y cuidado muy especial: pastorear pastores. Me encontré con esa tarea siendo yo un pastor joven y sin mucha experiencia. Tenía dos pastores jubilados en la congregación que eran de una generación anterior; además tenían su propia filosofía pastoral, aunque no estuvieran conscientes de ello. Se ha dicho con bastante certeza que cada pastor tiene su "librito". Estos dos pastores no cargaban con su librito, cargaban con un mamotreto de ideas desgastadas por el tiempo y por la inclemencia de muchas batallas.

Con mucho tacto y con una tonelada de paciencia le buscaba el lado amable a las propuestas e ideas que ya no se ajustaban a la realidad del momento. En los estudios bíblicos siempre tiraban sus proyectiles tratando de minar nuestra enseñanza y establecer sus puntos de vista. Nunca olvido una noche, apenas estaba comenzando en esa congregación, que estaba orientando la congregación sobre cómo trabajar unidos hacia la consecución de nuestras metas; entonces se puso en pie uno de los pastores que había sido pastor de la congregación, y dijo: _ "Le voy a decir una cosa; el que es barrigón, aunque lo fajen…" Con lo dicho implicaba que no importando mis orientaciones el rebaño seguiría las mismas costumbres del pasado. Me negué a creer aquel proverbio y la congregación salió adelante y vimos la mano del Señor haciendo milagros extraordinarios.

Mantuve siempre una actitud de respeto hacia aquellos dos varones que habían trabajado en el redil cuidando las ovejas del Padre con la luz que tenían. Todo siervo o sierva del Señor que ha concluido sus años activos en la obra merece un trato amable y respetuoso de parte de las nuevas generaciones de pastores. Siempre habrá choques o diferencias en diversas áreas de la tarea pastoral, pero hay que recordar que en su tiempo hicieron su aportación genuina a la obra del Señor.

En ocasiones los nuevos pastores llamados a trabajar con el rebaño ven en los viejos pastores una época pasada, muerta y sin brillo. Sólo estando al cuidado de las ovejas del Padre y bebiendo hasta el final esa copa podremos tener una perspectiva clara de los caminos que han despejado los que nos antecedieron. Hoy la nueva generación de pastores disfruta con bastante tranquilidad de los rebaños que criaron, cuidaron y diciplinaron, con mucho dolor y sacrificio, los viejos pastores del rebaño. Tenemos una deuda impagable de gratitud con los pastores que trillaron con sus pies descalzos los caminos que hoy caminamos con zapatos de charol.

Quiero, para que la posteridad los recuerde, hacer honor a unos viejos pastores que ya muchos no recuerdan, pero que molieron vidrio con sus pies, que abrieron caminos donde no los había: A un extraordinario hombre con olor a oveja, quien fue el primer pastor de la familia, José Marzan Cruz; al primer pastor de la Iglesia de Dios Pentecostal, M.I. del barrio Cortés de Manatí, P.R. Delio Vázquez Maisonet y al presbítero por siempre, Luís Ortiz Romero; y a otros más que escapan de mi memoria. ¡Me quito el sombrero ante ellos!

11

Una experiencia inusual

"Porque donde esté vuestro tesoro,
allí estará también vuestro corazón."
Mateo 6:21

La congregación de Piedra Gorda estaba disfrutando de una visitación especial, el cielo se había apiadado de nosotros. No estaba en mi mente, ni remotamente, un cambio de redil. Por cierto, el presbítero durante aquel tramo de nuestro maratón pastoral me había hecho un comentario inquietante: _ "Esta congregación ha llegado a su capacidad máxima, debes pensar en ampliar tu ministerio". Entendí lo que quería decirme, pero no le di mucha importancia al asunto. Me sentía motivado para seguir adelante y la congregación estaba unida en la misión que había recibido.

El Señor me permitió estar aportando un granito de arena en la enseñanza y preparación de obreros; estuve enseñando en el Instituto Bíblico Mizpa en Arecibo, donde años atrás había estudiado. ¡Qué satisfacción ver que muchos de aquellos alumnos pusieron la mano en el arado y no miraron atrás! La experiencia de enseñar varios cursos en esta institución me ayudó grandemente, pues repasaba mis conocimientos y sacaba provecho para la tarea pastoral.

Fue allí en Mizpa que tuve como alumnos a dos estudiantes de la congregación del barrio Dominguito de Arecibo. Uno de ellos me llamó para invitarme a que les llevara una reflexión en su asamblea anual. La congregación estaba sin pastor hacía varios meses y el presbítero les había autorizado a llevar a cabo su asamblea local anual. Acepté la invitación. Oré, como suelo hacerlo, para buscar dirección y consejo sobre la palabra que les llevaría. ¡Qué bueno es el Señor! ¡Me dio una palabra que llevaba aliento y tranquilidad a aquellas ovejas de mi Padre que no tenían pastor!

Terminada la asamblea pasamos al salón de actividades para participar de un almuerzo de confraternidad. Vi en el rostro de aquellas amables personas la frustración y la inquietud; ya se habían entrevistado a varios candidatos para escoger su pastor y no hubo, por una razón u otra, los acuerdos pertinentes. Me enteré en términos generales de la condición de aquel rebaño, aunque no hice pregunta alguna, fue algo espontaneo e informal.

Regresando a la casa pastoral había un torbellino de ideas e interrogantes con las cuales batallaba. ¿Por qué algunas congregaciones tienen que pasar por esas temporadas de orfandad? ¿Cuánto afectará a muchas ovejas débiles las situaciones difíciles que, en algunas ocasiones, son precipitadas por nosotros los pastores? ¿Habrá conciencia de urgencia en los líderes conciliares cuando una congregación está sin pastor? Esas y un sinnúmero de interrogantes martillaban mi mente... y mi corazón.

No comprendía cómo, ni porqué aquellas ovejas me arrestaron el corazón. ¡Era una experiencia inusual! Pasaron los días y no pude más, hablé con el presbítero y le dije que estaba disponible para ir a Dominguito. Su primera reacción fue de incredulidad, pensó que bromeaba. Más tarde me dijo si deseaba seriamente ir a aquel campo un tanto desolado y me reafirmé en mi proposición. ¡Mi corazón se había quedado en aquella atribulada iglesia, no lo pude evitar!

El martes trece de enero de 1987 fui instalado como pastor oficial de la iglesia del barrio Dominguito de Arecibo. Fue una experiencia agridulce ser recibido por aquella atropellada congregación y ver llorar la congregación de Piedra Gorda, que con el corazón adolorido me habían dejado ir. Hay experiencias que humanamente no entendemos, ni entenderemos; sólo las vivimos sabiendo que no somos los dueños de las ovejas, son las ovejas de mi Padre y nosotros pastores del rebaño.

TERCER TRAMO

TERCER TRAMO

1

Lo que quieren las iglesias

"Pero tengo contra ti, que
has dejado tu primer amor."
Apocalipsis 2:4

Apenas llevaba unos días en Dominguito pude percibir la magnitud de la situación. Muchos miembros retenidos, gran parte de los asientos de la nave principal se habían llevado a los salones, el ambiente espiritual estaba pesado; en fin, había una congregación desmoralizada y apática. El cuadro que me había presentado la Junta Local en la reunión previa a la instalación había que multiplicarlo infinidad de veces. Sin embargo, aquel valle aterrador me motivó de tal manera que vi una oportunidad maravillosa para trabajar con esmero con aquellas ovejas de mi Padre.

Antes de la instalación oficial en Dominguito, y a petición mía, había tenido una reunión con la Junta Local de la congregación. Sería la primera reunión con una Junta Local antes de ser instalado ya que en la congregación anterior fui instalado sin la reunión previa que formalmente se lleva a cabo como parte del proceso de transición. Cuando el presbítero me informó de la instalación me dijo que no era necesaria la reunión, que la iglesia me recibiría. Aunque aquella reunión era proforma, quería tenerla para conocer de primera mano la situación de la obra allí. ¡Me quedé sin aliento cuando le pregunté a los miembros de la Junta Local qué esperaban de su nuevo pastor! _ Queremos ver el pastor en el altar. Aquella petición era una prueba desgarradora que revelaba a qué extremo puede llegar el estado de una congregación.

Estando en este tramo de nuestro maratón pastoral fui electo presbítero del distrito de Arecibo. Traigo este dato personal en este punto porque es parte de la tarea del presbítero reunirse con diferentes juntas locales por diversas razones; en esas reuniones podemos tener un cuadro bastante claro de lo que quieren las iglesias. Hay iglesias que quieren ver al pastor en el altar, pero la mayoría de las iglesias no se conforman con ello, son muy exigentes y presentan múltiples retos al pastor que las ha de dirigir. Me atrevo afirmar que, en este siglo que nos ha tocado vivir, son pocos los pastores que llenan todas las expectativas o exigencias de una congregación.

Las iglesias quieren que el pastor sea un buen predicador, que les dé alimento bueno y fresco. Que sea un visitador, es otra exigencia general de las congregaciones, que esté allí cuando lo necesiten, ¡que sea casi omnipresente! Las congregaciones quieren ver que el pastor es un adorador, no lo quieren en la oficina, para eso hay tiempo; quieren al pastor en el culto "aleluyando" como cualquier otro hermanito. Los ancianos, los jóvenes y los niños necesitan el cuidado especial del pastor, ¡para eso le pagamos!, dicen algunos. Las iglesias quieren que el pastor esté en las bodas, en los quinceañeros, en los aniversarios, en los velatorios y sepelios; en fin que esté en toda actividad especial que tenga la congregación o algunos de sus miembros en particular.

El pastor es el maestro de la iglesia, debe dar estudios y clases bíblicas, recibir y discipular los catecúmenos, contestar preguntas difíciles, etc.; eso también quieren las iglesias. Cuando hay actividades comunitarias, escolares, ecuménicas y otras, el pastor hace bien en representar a su iglesia… ¡es parte de su responsabilidad para que lo conozcan!; lo anterior también es lo que quieren las iglesias.

Estando reunido con una Junta Local les pregunté cuál era el perfil del pastor que deseaban. Comenzaron a decir todo lo que querían, las características, bondades y cualidades que del líder que viniera a pastorearles. Después de escucharles con mucha paciencia le dije con candidez: _ "¡La verdad es que debo meter diez o doce pastores en una licuadora para traerle el que ustedes quieren!" Los pastores nos esforzamos para cuidar las ovejas del Padre, ¡pero es muy difícil complacer los gustos de todos!

2

Un terreno difícil de trabajar

"¿Qué más se podía hacer a mi viña,
que yo no haya hecho en ella?
¿Cómo, esperando yo que diese uvas,
ha dado uvas silvestres?"

Isaías 5:4

La tarea era ardua y retadora. Había trabajado en dos congregaciones anteriores y en este tramo la carrera era cuesta arriba. Buscaba continuamente dirección y consejo, sólo el dueño de las ovejas podía darme la sabiduría y las fuerzas para continuar aquella jornada. Meses después de la instalación nos mudamos a la casa pastoral que se había construido en la parte superior trasera del templo. Los niños que estaban en la escuela seguirían allá, en Piedra Gorda, hasta concluir el año escolar. Viajaba los cinco días de la semana a llevarlos y traerlos a la escuela donde cursaron sus primeros grados.

En todo terreno se puede sembrar, sin embargo hay terrenos pedregosos o áridos donde el fruto es más escaso. Vi en algunas ocasiones la frustración de mi viejo cuando el resultado de la siembra no era lo esperado. Volver a sembrar era la alternativa... ¡algo se cosecharía! Si de alguien puede aprender el pastor es de los agricultores. Yo había estado gran parte de mi vida con un agricultor empedernido y recibí de voluntario o forzosamente las lecciones que me hicieron bien al cuidado de las ovejas de mi Padre. Ahora en este rebaño retador me vi en la obligación de aplicar aquellas lecciones aprendidas.

Una de las tareas emprendidas fue suspender por un semestre en material oficial de escuela bíblica para recorrer con toda la congregación, niños y adultos, un cursillo intensivo de evangelismo personal. Una vez al mes, en nuestro retiro congregacional, practicábamos a evangelizar diferentes prospectos de creencias diversas. Todo transcurría muy bien, había un gran entusiasmo en la congregación y nos dirigíamos a una ofensiva evangelística, a un nuevo comienzo.

Concluido el cursillo de evangelismo nos organizamos para salir al campo. Un día a la semana estaríamos en diferentes sectores, casa por casa, puerta por puerta, cumpliendo la misión que nos dio el Maestro. Un buen grupo de la congregación aceptó el reto. Fue un tiempo de terapia sanadora para una congregación que había sido golpeada y menospreciada. Fueron surgiendo los líderes y el ambiente se fue transformando, aunque no al ritmo que yo anhelaba. Comenzamos a necesitar los asientos que se habían removido de la nave principal y la iglesia estaba despertando.

En mi diálogo con las ovejas iba tomando la temperatura de lo que estaba sucediendo. Nunca olvido una conversación que sostuve con uno de los líderes principales de la iglesia. Era un joven al que le había impartido clases en Mizpa y teníamos bastante confianza. _ "Dominguito nunca se dará cuenta que usted estuvo aquí." ¡Me dejó desconcertado! Era la visión fatalista de toda la congregación encarnada en aquel fatídico diagnóstico. Sabía que debía reforzar mi esfuerzo y pasar más tiempo con el dueño de las ovejas buscando dirección y consejo.

Unos años más tarde, cuando llevaba más de cinco años en aquel tramo de nuestro maratón pastoral, el pastor que yo había sustituido hizo una visita inesperada a la congregación. Concluido el culto, nos saludamos y hablamos sobre nuestras respectivas familias y de los temas que son comunes a los pastores. Antes de concluir la conversación, y como epílogo de esta, miró a las personas que

dialogaban todavía en el santuario y exclamó: _
¡Dominguito siempre será Dominguito! No le
contesté absolutamente nada, aquella estocada me
dejó patidifuso y medité que contestarle sería más
imprudente que la imprudencia de su comentario.

Aunque la congregación en Dominguito había
florecido durante mi pastorado, me sentía truncado,
alicaído y decepcionado. Pienso que el dueño de las
ovejas me llevó de su mano a una tarea de doloroso
aprendizaje. En aquel tramo de nuestro maratón
pastoral sentí que había tropezado con la horma de
mi zapato; reflexionando cabalmente creo que así
fue. ¡Pero la gracia del Señor nos sostuvo!

No todo era sudor y lágrimas en aquella amada
iglesia, no. Se estaba disfrutando de un ambiente de
adoración y de gozo. Vislumbrábamos un resurgir, la
nave estaba atestada de adoradores: niños, jóvenes,
mayores y ancianos se gozaban a la presencia del
Señor. Sentíamos el amor sin fingimiento de aquellas
hermosas ovejas. Siempre he creído que lo que los
pastores no podemos hacer, Dios lo hace en su
infinita bondad y misericordia. La iglesia del Señor
siempre estará en victoria, aunque haya alguna que
otra congregación que esté languideciendo por las
razones que sean, finalmente se levantará una iglesia
poderosa porque es la iglesia de Jesucristo.

3

¡Metí la mano!

"Entonces, habiendo recogido Pablo
algunas ramas secas, las echó al fuego;
y una víbora, huyendo del calor, se le
prendió en la mano."

Hechos 28:3

La iglesia de Dominguito marcó mi vida de forma muy distinta a las dos congregaciones anteriores en las que había cuidado las ovejas de mi Padre. Entendía que la iglesia tenía unos factores que retrasaban su crecimiento: no tenía un estacionamiento adecuado, cosa que en este tiempo es indispensable para una iglesia creciente; aunque hicimos gestiones para adquirir una propiedad al lado del templo no se concretó la compra. A unos minutos de nuestro templo había dos congregaciones que trabajaban la misma comunidad, nuestro templo estaba entre aquellas dos.

En el encabezamiento del tema anterior cité el verso de **Isaías 5:4** que dice: *"¿Qué más se podía* *hacer a mi viña, que yo no haya hecho en ella?* Había hecho todo lo que entendía estaba a mi alcance para ver prosperar aquel rebaño. Hay una lamentable verdad que sacude la mayoría de las organizaciones evangélicas y particularmente las pentecostales: los pastores están desprovisto del seguimiento necesario cuando enfrentan problemas en su rebaño, sólo se trasladan cuando la situación ha hecho crisis. Aunque la congregación en la que ejercía la tarea pastoral estaba estable y había crecido en los pasados años no me sentía satisfecho con los resultados. Me sentía estancado, insuficiente, y a veces frustrado al no ver el fruto de nuestro trabajo. Ese principio paulino que lleva consuelo a algunos, aunque tenía la convicción de ello, no llenaba mi corazón de pastor del rebaño. *"... pero el crecimiento lo da Dios."* **I Corintios 3:6** Dependía de Él, descansaba en Él; sin embargo, quería ver una congregación militante, poderosa, arrolladora, viva; ¡pero no la veía!

La casa pastoral, que fue hecha sin planificación y a la carrera, estaba deteriorándose demasiado rápido. Nos vimos en la necesidad de rentar una casa para luego determinar qué pasos se darían con aquella estructura. Nos mudamos a una casa cómoda con un patio amplio. Yo mismo le daba mantenimiento al patio y a los alrededores de la casa. También disfrutábamos de los frutos de los árboles que había en la propiedad. Había un árbol de panapén, plátanos, granadas, limones, etc.

Una mañana mientras cortaba la grama, la máquina dejó de funcionar. Llamé a mi hermano Juan, que vivía a cinco minutos, y fui a recoger una vieja máquina que él tenía para concluir la tarea. Aquella mañana hice algo imprudente que marcó mi vida. La máquina se atascaba muy seguido y había que apagarla para quitarle toda la grama atascada. A veces usaba un pedazo de madera, una rama, etc. para sacarle el pasto. En un momento dado lo hacía sin apagar la máquina para aligerar la tarea. ¡Ahí está el detalle! Traté de sacar la grama con la máquina encendida y se me fue la mano muy abajo. Me dio un azote y dejé la máquina a un lado. Me di cuenta de que me faltaba un pedazo del dedo índice de la mano derecha. Corrí a lavarme y la impresión fue devastadora, había perdido parte del dedo.

Nunca olvido el cuadro desgarrador de mi santo hijo Jonathan con sus ojos cegados por las lágrimas tratando de conseguir el pedacito del dedo que había perdido. ¡Su labor fue infructuosa! Fui al consultorio del que fue mi alumno en la escuela superior de manatí y ahora era un respetable médico de la comunidad y miembro de nuestra congregación. El doctor Pedro A. Martínez Rivera estaba en su hora de almuerzo y me dispuse a esperar en el estacionamiento de su oficina. Cuando llegó y vio de primera mano el accidente llamó a un cirujano y me refirió allá. ¡Yo estaba marcado para siempre por aquel accidente! ¿Sería que necesitaba una marca física que ejemplificara las marcas en el ministerio que dejó aquella congregación? ¡Vaya usted a saber!

4

Una lección por un alumno

"Respondió ella y le dijo: Sí, Señor;
pero aun los perrillos, debajo de
la mesa, comen de las migajas de
los hijos."

Marcos 7:28

Los pastores estamos continuamente orientando, enseñando, predicando y dando diferentes lecciones y enseñanzas como parte de nuestra tarea. Sin embargo, en ocasiones, el Padre usa una de las ovejas del rebaño para darnos alguna lección que hemos olvidado o hemos pasado por alto. Eso me sucedió en este tramo de nuestro maratón pastoral. Aquel doctor que había sido mi alumno en la escuela superior y ahora era miembro de nuestra congregación fue infectado con varicelas de la cual estuvo convaleciendo. A pesar de que tanto él como su esposa eran personas muy ocupadas asistían con regularidad a las actividades de la congregación. En aquellos días que estuvo enfermo no podía visitarlos, pero tampoco me comuniqué con él ni con su esposa vía telefónica.

Tan pronto mi hermano Martínez se recuperó de las varicelas se reintegró a las actividades de la iglesia. Me acerqué para saludarles y preguntarle cómo estaban; entonces, en broma o en serios me dijo: ¡Pastor, por teléfono no se pegan! Se refería mi buen hermano, que, aunque no debía visitarle por lo contagioso de la varicela, le podía llamar por teléfono para saber de ellos. Me sentí redargüido, por no decir avergonzado, al recibir aquella lección del que fue mi alumno y ahora era una de las ovejas de mi Padre. No tenía excusa, él tenía toda la razón del mundo y aquella lección me serviría para no cometer el mismo error más adelante.

En ocasiones pensamos que sabemos mucho de muchas cosas y el Señor en su misericordia nos baja de la nube usando a quién Él quiera usar. En adelante estuve más atento a lo que me dijeran las ovejas, fuese en son de queja, de crítica o de enseñanza, porque el Señor hace como Él quiere y usa a quién quiere. ¡Cuánto agradezco los consejos sabios de ancianos o ancianas que se acercaban con mucho amor, y a veces temblando! ¡Gracias, Padre por cada uno de ellos!

En otra ocasión una santa anciana me dijo que quería hablarme algo. Fuimos a la oficina y notaba que aquella santa mujer estaba nerviosa y apenas se atrevía a hablarme. Después de preguntarle por su familia y tratar de que se sintiera tranquila me pudo hablar: ¡Ay, pastor, es que quería decirle que usted usa en algunas ocasiones una frase que aquí se le da otra interpretación! La escuché con mucha atención y le agradecí sobremanera su consejo. ¡Jamás volví a usar la frase que me advirtió aquella santa hermana.

Los dos ejemplos que he compartido fueron lecciones dadas por los alumnos. Esa es la gente que verdaderamente ama; no critican, no calumnian, no chismorrean a espaldas del pastor. Se ocupan de que su pastor sea más efectivo y cometa menos errores. Es obvio que los pastores debemos ser sensibles a esas ovejas y no creer que lo sabemos todo y que nadie nos puede corregir. En todas las congregaciones hay alumnos capacitados que nos haría mucho bien acercarnos a ellos y darles la oportunidad de exponernos sus puntos de vista.

5

La amistad pastoral

Mejor es el vecino cerca
que el hermano lejos.
Proverbios 27:10

Cuando nos ocupamos enteramente a la tarea de cuidar las ovejas de nuestro Padre nos quedamos con muy pocos amigos. Habrá muchos conocidos, muchos buscabullas, lambones y correveidiles; pero pocos amigos genuinos. Se ha dicho, con bastante razón, que los pastores son personas solitarias; no porque nos agrade la soledad, es que la carga es pesada y pocos les agrada ayudarnos a llevarla.

Estando en el tercer tramo de nuestro maratón pastoral conocí a un ministro de la Iglesia Metodista de Puerto Rico con el cual hice una hermosa amistad. Lo invité a que proclamara el mensaje en una actividad de la iglesia y de allí en adelante nos hicimos buenos amigos. Una de las cualidades que admiraba en el pastor Carlos Vázquez era su sencillez y el apego a la Palabra de Dios. No importando donde estuviese ministrando o si estaba en licencia sabática por complicaciones de salud, lo invitaba a compartir aquel mensaje sencillo, pero enjundioso y lleno de sabiduría de lo alto.

Tengo la bendición de que mi hermano Juan, (El que fue llevado junto a mí al altar del sacrificio!) fue llamado a la tarea pastoral unos años antes que yo. No veníamos de una tradicional "familia de pastores", pero el Señor llama a quien él quiere. ¡Qué privilegio tener un hermano pastor con el que podamos compartir las inquietudes y situaciones de la tarea en el redil! Juntos saboreamos victorias, evaluamos tropiezos, lloramos nuestros golpes y reímos nuestras victorias. Una de las anomalías que tenemos los pastores es que nos agrada hacer alarde de lo bueno que nos va en nuestro redil y cuando hablamos con otros pastores, apenas los dejamos desahogarse.

¡Qué bueno tener a alguien que nos escuche y que podamos darle tiempo para expresarse también! En mi travesía por el desierto al cuidado de las ovejas de mi Padre me he encontrado buenos amigos y otros no tan buenos. En algunas ocasiones he meditado qué motiva a que un pastor se exprese despectivamente de otro, y me cuesta entender el producto de ese análisis. ¿Será que envidiamos el éxito de otro rebaño cuando en el nuestro hay enfermedad y mortandad? ¿Será que nos molesta la paz del rebaño ajeno? ¿Será que hemos extraviado el camino de nuestra verdadera vocación? Las conclusiones pueden ser innumerables pero nunca tienen razón de ser entre soldados de la misma milicia. ¡Que el Señor nos guie a ser pastores de una sola pieza!

¡Bienaventurado el pastor que encuentra un alma noble y, sobre todo, discreta con quien compartir sus inquietudes, será como un oasis en el desierto mientras conduce las ovejas del Padre!

6

La semana que viene

"Cuando a Dios haces promesa,
no tardes en cumplirla; porque él
no se complace en los insensatos.
Cumple lo que prometes."
Eclesiastés 5:4

Hay pastores que son muy ligeros disciplinando sus ovejas, en ocasiones, por cosas triviales. Nos suele suceder lo que a los fariseos y lo escribas durante el ministerio de Jesús. El maestro les amonestó diciéndoles en **Mateo 23:24: *¡Guías ciegos, que coláis el mosquito, y tragáis el camello!*** De igual forma les pasa a algunos pastores; disciplinamos por boberías y dejamos pasar el pecado. En este tramo de nuestro maratón pastoral me sucedió algo que es digno de recordar, para nuestra edificación.

Las facilidades de nuestro templo tenían necesidad de un portón de metal para evitar la entrada de vehículos en horas que no había actividades. Para ese tiempo, era miembro de la Junta Local un hermano que tenía un taller y la experiencia para construir el portón. A esos efectos, después del debido acuerdo de la Junta, el buen hermano dijo que haría el portón, que sólo le enviaran los materiales. Se compraron los materiales en una ferretería local y se los llevaron al taller del hermano que lo iba a construir.

Pasaron algunos meses y el portón no aparecía ni el hermanito daba cuentas de ello. Pregunté por el portón en varía ocasiones y el hermano me decía: _" Está hecho, la semana que viene lo vengo a instalar". Con la paciencia que debe caracterizar al que es llamado a cuidar las ovejas de su Padre, pregunté nuevamente por el portón al hermano, un buen día al recibirlo a la entrada del santuario. La diferencia de esta ocasión fue que el diácono que estaba en la entrada escuchó la conversación entre el hermano y yo. _ "La semana que viene lo vengo a instalar."

Pasaron algunas semanas más, y el diácono que había escuchado el diálogo me preguntó: _ "Pastor, escuché al hermano fulano decirle que venía a montar un portón, ¿qué ha pasado? Le contesté que realmente no sabía. Como ya la situación estaba pasando de castaño a oscuro, cité la Junta Local para una reunión y, entre otras cosas, le preguntamos al hermano qué pasaba con el portón. Ya usted puede saber qué nos contestó: _ "La semana que viene lo vengo a instalar." A renglón seguido di instrucciones a la secretaria para que en las minutas apareciera lo que el hermano había prometido.

¡Aunque usted no lo crea, pasaron varias semanas y el portón no era instalado! Nuevamente convoqué la Junta Local; esta vez, sólo para tratar el asunto del portón. Cuando le preguntamos al hermanito sobre el portón, brotó el estribillo que estaba acabando con mi paciencia: _ "La semana que viene lo vengo a instalar." No deseaba que aquel portón acabara con mi paciencia y le dije al hermano: _ "Le voy a dar tres meses para que instale el portón; en ese tiempo no participará activamente en nada: ni en reuniones de Junta Local, ni en ministración alguna; esos tres meses lo único que va a hacer es instalar el portón." ¿Saben qué? ¡El hermano instaló el portón esa semana! Pero, los tres meses que se le dieron para que aprendiera a no mentir, ¡nadie se los pudo borrar! Tal parece que aquel hermano, que era muy cooperador y servicial, se le había olvidado lo que dijo el sabio: ***"Cuando a Dios haces promesa, no tardes en cumplirla; porque él no se complace en los insensatos. Cumple lo que prometes."*** **Eclesiastés 5:4**

7

Dios, ¿usa los ratones?

"Todo lo que Jehová quiere, lo hace,
En los cielos y en la tierra, en los
mares y en todos los abismos."
Salmos 135:6

En las victorias o en los fracasos, en los momentos de alegría o de tristeza, en la abundancia o en la escasez; allí está la familia pastoral. Sólo Dios sabe por qué muchas familias pastorales han pasado la zarza y el guayacán debido a su situación económica. La mía no ha sido la excepción. Durante nuestro maratón pastoral he trabajado secularmente en varias ocasiones; para que mi familia tenga lo necesario. Con todo, pasamos momentos de suma estrechez económica, pero nuestro Señor no nos ha fallado.

En una de esas ocasiones que la casa estaba "que ardía", no había algunas provisiones necesarias, ni los recursos para comprarlas, el Padre nos proveyó de una manera inesperada. En ese tiempo habíamos alquilado una casa en el Barrio Hato Arriba de

Arecibo ya que la casa pastoral estaba un tanto deteriorada. Una familia que se mudaba fuera de la comunidad les regaló unos ratones blancos a mis hijos. Los mantenían en una pecera vacía, donde le hicieron acomodo y la taparon con un pedazo de cartón. Le habían colocado algunos objetos para que treparan y jugaran, objetos que los ratones usaron para tener acceso a la tapa de cartón. Un día que regresamos a la casa mis hijos se percataron que los ratones habían escapado; habían hecho un hueco en el cartón y se desaparecieron. Los niños trataron de dar con los fugitivos, pero su búsqueda fue infructuosa.

Pasaron algunos días y uno de mis hijos vio pasar uno de los evadidos y meterse detrás de la estufa. ¡El acontecimiento fue toda una fiesta! La familia se activó para atrapar a uno de los fugitivos que había sido localizado. Por cierto, aquella estufa la había dejado allí el casero con las instrucciones de que, si no la necesitábamos, nos deshiciéramos de ella. La estufa estaba en buenas condiciones y continuamos su uso hasta que entregamos la casa. Volviendo al fugitivo, buscamos una linterna para tratar de ver debajo de la estufa y atrapar el escurridizo animal. Mi hijo Sammy se tiró al piso para observar debajo de la estufa, y de repente gritó: ¡Hay un peso ahí debajo!

¡Era cierto! Buscamos un gancho de alambre para ropa, lo desarmamos formando un garabato para extraer el peso, entiéndase, dólar, que mi hijo había descubierto. ¡Valla dólar! Comenzamos a sacar billetes de debajo de aquella bendita estufa, y, al concluir, teníamos cerca de trescientos dólares. Como aquella casa la habían alquilado varias familias y nos habían dado instrucciones de desechar la estufa, no podíamos llegar a otra conclusión: El Señor hace como Él quiere; ¡aquel dinero estaba allí para proveer en aquel momento difícil lo que se necesitaba en nuestra familia!

El Padre, que todo lo conoce, usó en aquel momento específico a unos ratones para llevarnos la provisión que siempre estuvo allí para nosotros. Dios, ¿usa los ratones? ¡Juzgue usted! Antaño usó la mula para reprender al testarudo adivino, Balaam; usó el gallo para abrir los ojos a la infamia de Pedro; por medio de la víbora que mordió a Pablo manifestó su poder milagroso; usó las gallinas, en Córdova, para darme una lección de servicio y humildad, etc. Sin duda, aquellos ratones llegaron a la casa de la familia pastoral con una tarea específica; ¡y fueron de bendición! ¡Gracias, Padre!

8

Hacia un nuevo campo de labor

"Porque todos los que son guiados
por el Espíritu de Dios, éstos son
hijos de Dios."

Romanos 8:14

He leído y analizado en diferentes estudios y escritos las bondades y las limitaciones de que una congregación esté sujeta o integrada a una organización o concilio particular. He pertenecido desde mi niñez a la Iglesia de Dios Pentecostal, Movimiento Internacional. Es un verdadero privilegio ser parte de este movimiento que es autóctono de Puerto Rico y se ha extendido al mundo entero. Sin embargo, el sistema de traslados pastorales ha sido, y es, uno de los ingredientes que más afecta la estabilidad de las congregaciones. Nuestra organización no tiene unos parámetros definidos para los traslados pastorales, eso redunda en inestabilidad para los pastores y las congregaciones.

Seis años y medio de estar cuidando las ovejas de mi Padre en Dominguito de Arecibo asumí las riendas del rebaño del barrio Quebrada de Camuy, específicamente el miércoles 21 de julio de 1993. Los pastores, en su inmensa mayoría, buscamos evidencias circunstanciales o espirituales para justificar nuestras transiciones a otros rebaños. Yo no las tenía; me sentía estancado y hasta cierto punto frustrado por los resultados de mi trabajo en Dominguito. Aunque no estaba en mi mente un cambio de rebaño acepté de buena gana la propuesta de ir a Quebrada.

El presbítero, el pastor José A. Martínez me advirtió que la congregación de Quebrada quería un pastor a tiempo completo; en aquel momento estaba trabajando como maestro de escuela intermedia en el Colegio Pentecostal de Arecibo, colegio que es auspiciado por nuestra organización. A pesar de la advertencia acepté ir al diálogo con la Junta de Quebrada, que es parte del protocolo de nuestra organización para los traslados pastorales. El día de reunión, casi al final del diálogo, afloró la pregunta que definiría el resultado de todo. Un miembro de la Junta Local me preguntó si estaba trabajando secularmente. Le contesté que estaba trabajando y que, al momento, no podía dejar ese trabajo por mis compromisos económicos.

Salimos del lugar de la reunión para que la junta tomara su decisión sin presión alguna. Al cabo de unos minutos entramos, la decisión estaba tomada: me recibirían como su nuevo pastor. Ahora tenía la difícil tarea de informar, primero a la Junta local de Dominguito y luego a la congregación, que a la fecha del 21de julio ya no sería más su pastor. No me sentía del todo bien, mis pensamientos eran un verdadero torbellino. ¿Estaba huyendo de un trabajo inconcluso? ¿Acepté el traslado bajo un momento de frustración? ¿Estaba dentro del propósito del Padre ir a atender otro rebaño? Etc. ¡Los traslados siempre quitan el sueño!

Después de dejar todo en orden en Dominguito comenzamos a buscar una casa para mudarnos a Quebrada. La casa apareció y los hermanos de Quebrada me mudaron de un jalón. Cuatro o cinco vehículos "pickup" de miembros de la congregación recogieron todos nuestros bártulos y esa noche dormimos en Quebrada. El dueño de la casa alquilada, que por cierto era pastor, no dejó de demostrar su asombro al ver con cuanta diligencia aquellas ovejas ayudaban a su pastor. ¡Gracias al Señor por tanta gente amorosa que hay en su iglesia!

CUARTO TRAMO

1

¡Una buena primera impresión!

"Y si alguno prevaleciere contra uno, dos le resistirán; y cordón de tres dobleces no se rompe pronto."

Eclesiastés 4:12

Una de las armas imprescindibles en una congregación es la unidad. El escritor del Eclesiastés lo planteó así: *"Y si alguno prevaleciere contra uno, dos le resistirán; y cordón de tres dobleces no se rompe pronto."* **Eclesiastés 4:12** La diligencia con la que aquellos hermanos de Quebrada hicieron mi mudanza no sólo impresionó al dueño de la casa alquilada, me impresionaron a mí. ¡Y de qué manera! Sentía que aquella afinidad demostrada por aquellas ovejas de mi Padre era el preludio de un buen tiempo al comienzo de ese nuevo tramo de nuestro maratón pastoral. Seguían al pie de la letra las instrucciones y cuando había duda preguntaban. ¿Dónde coloco esto? ¿Armamos las camas? ¿Ponemos la antena? ¡Wau! ¡Una buena primera impresión!

Aquella muy buena primera impresión no fue un esfuerzo preconcebido para impresionar, era una expresión espontánea de la esencia misma de aquella congregación. El tiempo me enseñó que aquella gente era genuina, amaban a sus pastores y le ayudaban más allá de sus fuerzas. Desde el comienzo de mi cuidado pastoral de aquel rebaño hubo una hermosa empatía. Se respiraba un ambiente de paz y una expectativa de qué cosas maravillosas estaban por suceder. ¡El tiempo atestiguó a mi favor! ¡Cuánto afecto emanaba de aquellas ovejas! ¡Me obligaban a amarlas a primera vista! Las tres congregaciones que había pastorado eran amorosas y diligentes, ¡pero Quebrada rompió el "amorómetro"! Sé que esa palabra y ese instrumento de medir el amor sólo existe en mi mundo, pero quiero acuñar la palabra por amor a las ovejas de mi Padre.

Llegó el primer domingo 25 de julio de 1993 cuando debía dar el primer mensaje a la congregación. Usé como texto para el mensaje **Nehemías 4:19-20** y le titulé **El sonido de la trompeta**. Enfaticé la necesidad de que entre la congregación y el pastor haya sincronía como requisito para alcanzar la victoria. Como era mi primer mensaje de domingo esperaba que el Espíritu Santo usara ese mensaje para marcar el rumbo de nuestra tarea pastoral en aquella congregación. Muchos años después, cuando ya me había acogido a la jubilación, me pidieron que atendiera la congregación en un periodo de transición pastoral. En esa ocasión pregunté a la congregación si alguien se acordaba de mi primer mensaje a la congregación cuando fui instalado como pastor. ¡Volvieron a impresionarme! Varias manos se levantaron y algunos gritaron: ¡El sonido de la trompeta!

Cada rebaño tiene sus particularidades, cada congregación tiene su propia dinámica y cada pastor tiene su filosofía pastoral. ¡Qué bendición cuando un pastor y su rebaño coinciden en el rumbo que se debe seguir! Cada uno hace su asignación con alegría y dedicación; y los más diligentes le dan la mano al que está rezagado. ¡Es la dinámica que debe existir en el rebaño del Padre!

Cuando llegamos a Quebrada mis hijos tenían catorce, doce y siete, respectivamente. ¡Era un tiempo hermoso en la vida de mi familia! La iglesia donde trabajábamos nos acogió de tal manera que mis dos hijos mayores se enamoraron, no sólo de la congregación, se enamoraron de dos chicas que llegaron a ser sus esposas. Mi hijo mayor se fue integrando en la música y muy pronto llegó a ser uno de los que dirigían la adoración. La congregación tenía un ambiente hermoso, almas se integraban a la iglesia y el pueblo era de un solo sentir. En la congregación todo marchaba muy bien; en cuanto a mi familia tuvimos unos percances inesperados por las continuas mudanzas que tuvimos sufrir.

2

¡Ay, las mudanzas!

"Levantaos, vamos de aquí."
Juan 14:31

En este tramo al cuidado de las ovejas de mi Padre no todo fue como miel sobre hojuelas, en particular para mi familia. La casa que alquilamos comenzó a presentar defectos de construcción; las losas del piso comenzaron a despegarse en varias partes de la casa. El dueño reparó el piso de la sala, pero al continuar la situación en otras partes de la estructura, nos pidió desocupar la casa para reparar el piso. Comenzamos a buscar otro lugar donde llevar nuestros bártulos, la tarea se hizo un tanto complicada. Finalmente encontramos un lugar cerca de donde vivíamos; el matrimonio se marchaba a Estados Unidos y nos brindaron alquilarnos su casa.

Nos mudamos por segunda vez en menos de dos años. La casa era cómoda, tenía un aljibe para situaciones de emergencia y un vecindario tranquilo. No nos habíamos acomodado muy bien todavía, cuando recibimos una llamada del dueño de la casa; les había ido mal y querían que desocupáramos la casa para ellos regresar. ¡Ay, las mudanzas!

¡Nuevamente estábamos en la tarea de buscar otra casa para alquilar! La iglesia tenía una parcela de terreno, pero sólo había un salón para dar clase bíblicas. Al momento había otras prioridades y no se podía construir una casa pastoral. Prácticamente toda la congregación nos ayudó a correr la voz para buscar un lugar donde mudarnos.

El dueño de una propiedad cerca del templo se mudaba a otro pueblo y lo contactamos para alquilar su propiedad. Era un edificio de dos plantas y el precio era apropiado. Nos mudamos, después de hacer algunos arreglos a la estructura, era nuestra tercera mudanza en poco tiempo. No habían pasado dos meses de estar viviendo en el lugar, cuando nos enteramos de que la casa había sido embargada por un banco. El propietario de la casa no nos informó del asunto; ¡debíamos mudarnos nuevamente!

Con el mismo amor, comenzamos la triste tarea de buscar otra propiedad para mudarnos. ¡No aparecía nada! Alguien nos informó que alquilaban una casa en un sector del barrio que era conocido porque los que allí vivían eran miembros de una misma familia.

Algunos de los residentes eran conocidos por su verbo "florido y folclórico". No habiendo alternativa, nos mudamos a aquella residencia disponible. ¡Ay, las mudanzas! Nunca se nos olvidará nuestra estadía en aquella casa, pues estando allí nos azotó el huracán George y pasamos la zarza y el guayacán. Gracias al Señor, había en el lugar un manantial y no sólo nosotros, muchos vecinos venían a buscar agua para diferentes usos, aunque no era apta para tomar.

No duramos mucho en aquel vecindario por varias razones: los vecinos tenían música para ellos y los demás, había mucha gritería regularmente, el piso de la casa parecía estar siempre sucio, aunque se mapeara todos los días; en fin, nos sentíamos fuera de lugar. Nos dimos a la tarea de buscar otro lugar para mudarnos. Esta vez, con un poco de calma pues no estábamos obligados a mudarnos. Más tarde encontramos una casa más adecuada y nos mudamos más rápido que ligero, pues deseábamos vivir en un vecindario de paz. ¡Era la quinta vez que nos mudábamos durante aquel tramo cuidando las ovejas del Padre en Quebrada! ¡Ay, las mudanzas!

3

Planificando un nuevo templo

"Pero sea vuestro hablar: Sí, sí; no, no; porque lo que es más de esto, de mal procede."

Mateo 5:37

La congregación de Quebrada era maravillosa, cooperadora y entusiasta. Sin embargo, el templo donde nos reuníamos estaba un tanto incómodo, las oficinas añadidas, el piso con una losa antigua, etc. Informalmente comencé a investigar si anteriormente se había hablado de remodelación o de un nuevo templo. El resultado de mi sondeo informal fue desafiante. Ya se había hecho un amago para comenzar a recaudar fondos para la construcción de un nuevo templo. Algunos feligreses se habían comprometido a donar cierta cantidad de dinero y muchos hicieron sus aportaciones inmediatamente. Lo que sucedió tronchó el entusiasmo de la congregación: surgieron otras necesidades y el dinero recaudado para el nuevo templo se usó para cubrir aquellas necesidades sin haber consultado a los donantes.

La Biblia enseña: *""Pero sea vuestro hablar: Sí, sí; no, no; porque lo que es más de esto, de mal procede."* **Mateo 5:37** Cuando un pastor dice que va a hacer algo y hace otra cosa queda en entredicho su palabra y su ministerio. Las congregaciones esperan que sus ministros sean de una sola pieza y personas de una sola palabra. Cuando intentamos ganar la confianza de una congregación después de pasadas experiencias negativas y frustrantes, la consecución de esa confianza se hace cuesta arriba. ¡Pero, con la ayuda del Señor se puede lograr!

A pesar de lo sucedido, comencé a dialogar con la Junta Local las posibilidades de comenzar el proceso con miras a construir un nuevo templo. La propuesta fue tomando forma y se notificó a la congregación sobre lo acordado. La idea de un nuevo santuario fue esparciéndose y entusiasmando a muchos. Contactamos un arquitecto recomendado por un amigo, el pastor Carlos Vázquez, que para ese entonces ejercía la tarea pastoral en el pueblo de Hatillo. Nos reunimos con el arquitecto, se fueron implementando las sugerencias y al final teníamos los planos en proceso. Le sugerí al arquitecto la posibilidad de preparar una maqueta de lo proyectado para el nuevo templo, lo llevé a la junta y acordamos tener lo que sería el nuevo templo en miniatura. ¡Se vería genial!

Teníamos la maqueta del nuevo templo y fue un incentivo extraordinario para todos; ¡así quedaría nuestro nuevo santuario! Todos estábamos entusiasmados con el proyecto, esa meta la queríamos alcanzar. Continuamente se hacían actividades variadas para recaudar fondos para el anhelado templo, el costo era alto, pero nuestro Dios es el dueño de todo. Aunque estábamos trabajando para comenzar la construcción, no estábamos desesperados por poner la primera piedra. Teníamos las experiencias previas en Córdova y el Piedra Gorda de que no es nada de sencillo envolverse en una construcción sin descuidar las demás áreas de la tarea pastoral. En ocasiones nos envolvemos en una tarea y podemos descuidar otras que pueden conducir al fracaso lo que hemos hecho. La misma planificación de un nuevo santuario nos drena un tanto las energías que podemos quedar exhaustos para realizar las demás tareas, especialmente la proclamación de la Palabra de Dios, y lo que es aún más peligroso: nuestra intimidad con el dueño de las ovejas.

4

Más allá del deber

*"¿Dónde, pues, está esa satisfacción que
experimentabais? Porque os doy testimonio
de que, si hubieseis podido, os hubierais
sacado vuestros propios ojos para dármelos."*
Gálatas 4:15

Debido al arduo trabajo en la congregación y los proyectos en que estábamos envueltos me dediqué a la tarea pastoral y dejé a un lado la enseñanza secular en la que estaba al llegar a Quebrada. Para ese tiempo tenía un vehículo en que casi literalmente había "criado mis tres hijos". La pobre Astro Van Chevrolet estaba un tanto color cenizo, cuando antes había sido azul marino. Por las mañanas no se podía usar la reversa hasta que la trasmisión calentara, etc. Decidí venderla a un caballero que la usaría para vender helados. Le dije los defectos y las virtudes de aquella que nos movió por muchos años y aceptó darme dos mil dólares por mi querida Astro Van.

Invertí aquellos dos mil dólares en varias cosas, que ahora no recuerdo, pero como dice el jíbaro puertorriqueño: "se hicieron sal y agua". ¡Ahora estaba a piecito! No tenía el vehículo y había sacrificado el dinero de la venta. En ocasiones usaba uno de los vehículos de la iglesia para lo más urgente y en otras pedía pon, etc. Se me estaba haciendo muy difícil la situación, pero hice lo que siempre hacía en situaciones perecidas: orar. Los jóvenes de la congregación me preguntaban qué carro pensaba comprar; y les decía sin titubear: un Lúmina blanco. A renglón seguido me preguntaban cuánto tenía para el pronto: ¡nada!, le respondía un tanto avergonzado. Esa escena se repitió en muchas ocasiones y en diferentes lugares.

Aquel año 1997 se estaba yendo vertiginosamente, estábamos a unos días del culto de Acción de Gracias. Acostumbrábamos a reunirnos a la 6:00 de la mañana el día de Acción de Gracias; el culto era de 6:00 a 8:00, luego teníamos un desayuno para toda la congregación. Aquella mañana nos levantamos más temprano que en otras ocasiones, pues tenía uno de los vehículos de la iglesia y debía llevarlo al templo para que el conductor asignado buscara los feligreses que no tenían transportación propia.

Se dio un culto glorioso, el pueblo estaba alegre y en breve nos disponíamos a concluir para participar del desayuno de aquella mañana memorable. Le había pedido a un líder de la congregación que hiciera la oración de clausura. Antes de la oración pidió a la Secretaria General de la iglesia que pasara al frente, supuestamente me iban a entregar el "bono de navidad". Me tomaron desprevenido, pues nunca me habían entregado el bono delante de la feligresía, era algo que se hacía tradicionalmente en privado.

Se ha dicho que uno de los dones de los pastores es el "don de sospecha"; pero aquella mañana de Acción de Gracias mis dones estaban en suspenso. La Secretaria General en aquel entonces, la hermana Eva Rivera, llamó a otros hermanos y hermanas y me entregaron un sobre, con la instrucción de que lo abriera. Cuando tomé el sobre palpé algo sólido dentro del sobre, no era el bono. Al fin entusiasmado como un niño que recibe su regalo, saqué de aquel sobre una llave… ¡una llave que parecía ser de un vehículo. ¡Se me adurmió la lengua, por no decir que todo el cuerpo!

Se hizo finalmente la oración de despedida y los feligreses hicieron una "guardia de honor" en el pasillo para que pasara con mi familia al estacionamiento del pastor. Cuando salí al estacionamiento del pastor había un carro nuevo color blanco con un enorme lazo rojo, ¡era un Chevrolet Lúmina 1998! Todos

gritaban que abordara el carro con mi familia y
condujera hasta el salón de actividades. ¡Creo que
se me olvidó conducir! No encontraba la palanca de
los cambios, ni el freno de emergencia, ¡era un caos
de emociones! ¡La iglesia de Quebrada me había
regalado un carro nuevo! ¡Santo!

Comprendí, aún más, hasta dónde puede llegar
una iglesia que ama a la familia pastoral. La iglesia
de Quebrada fue más allá del deber. Y yo sentí en
carne propia lo que les escribió el Apóstol Pablo a
los hermanos de Galacia: ***"Porque os doy testimonio
de que si hubieseis podido, os hubierais sacado
vuestros propios ojos para dármelos."***

5

Una juventud dinámica

"Ninguno tenga en poco tu juventud..."
1 Timoteo 4:12

Una de las bendiciones que disfrutamos en este cuarto tramo de nuestro maratón pastoral fue ver un grupo grande de jóvenes envueltos en la dinámica de la congregación. Eran un grupo heterogéneo, pero amaban al Señor y se envolvían en las diferentes y variadas actividades de la iglesia: en las campañas evangelísticas, en las actividades pro-fondos de construcción, en la adoración; en fin, en todas las áreas del quehacer eclesial allí estaba nuestra juventud. Tuve la bendición que estando en Quebrada mis hijos disfrutaron de esa edad hermosa de adolescencia y juventud envueltos en la dinámica de una iglesia militante.

Una de las actividades muy esperadas por nuestros jóvenes era el campamento anual que se celebraba tradicionalmente en el Campamento El Coquí de Mayagüez. Había un matrimonio de dos profesionales de la enseñanza que organizaban y dirigían cada año esa extraordinaria actividad: el hermano Luis Francisco López Monroig y su esposa, la hermana Mirka N. Torres Rivas. Esa era la actividad cumbre que cada año llevaba más de cien jóvenes a un sinnúmero de actividades, mayormente de carácter espiritual, otras recreativas y diversas; pero todas redundaban en un tiempo oportuno para acercarse al Señor. ¡Cuánto disfrutaban los jóvenes aquellos campamentos! ¡Muchos de ellos recibieron el bautismo en el Espíritu Santo en esos días de gloria! Me sentía bendecido en tener creyentes con tanta dedicación como ese matrimonio que trabajaba con la juventud.

Mis dos hijos mayores Manuel y Samuel se enamoraron en Quebrada. Nolo entabló una hermosa relación con Evelyn Méndez, una joven que estaba envuelta en el ministerio de adoración de nuestra iglesia. Por su parte Sammy se enamoró de Lourdes Torres otra de las jóvenes que vimos crecer en nuestra congregación. El tiempo pasó y aquellas jóvenes, en cierta medida, evitaron que fuéramos trasladados a otra iglesia distante, ¡mis hijos no querían estar lejos de sus amores!

Siempre he creído que si hay una tarea que el pastor no puede evadir es el trabajo intenso para que la juventud tenga una participación sobresaliente en la iglesia. Cuando el Apóstol Pablo le dijo a Timoteo que "Nadie tenga en poco tu juventud", es un consejo que cada pastor no puede olvidar. Algunos pastores se alinean con los ancianos y relegan los jóvenes a un plano muy bajo. Ese peligro debemos evitarlo; si perdemos los jóvenes, ¡cuando mueran los ancianos estaremos sin congregación!

Las atracciones pasajeras que arrastran y desvían la juventud de hoy son un desafío que la pastoral debe enfrentar. La juventud llega una sola vez a la vida y debemos ponerla a los pies del Maestro; los pastores debemos estar ahí para que eso sea una realidad en la iglesia. Para ello debemos ofrecer a nuestros jóvenes los talleres adecuados y las tareas propicias para que la iglesia y el poder del Señor prevalezca por encima de los deleites temporales del pecado. ¡Qué el Señor nos ayude a lograrlo!

6

De viaje con un filósofo

*"Irá andando y llorando el que lleva
la preciosa semilla; Mas volverá a venir
con regocijo, trayendo sus gavillas."*
Salmos 126:6

La noche estaba como boca de lobo. A lo lejos se escuchaba a intervalos el sonido de alguna sirena del ejército o la policía. Tres hombres miraban el panorama oscuro. . . pero sólo imaginaban. Uno de ellos, el más anciano, hacía algún comentario para romper la monotonía de la escena, el silencio volvía a su trono. Más tarde el ruido de un objeto que cayó nos sacó del estado de contemplación. Se había caído el bastón del hermano Luis, que así se llamaba el hombre anciano que componía el trío. Yo me moví a recogerlo. _ "Póngalo allí, si me hace el favor" dijo el hombre señalando un rústico banco. Tomé el bastón con cautela, casi con reverencia, y lo coloqué sobre el viejo banco. Más tarde nos fuimos a dormir después de tener nuestras acostumbradas devociones.

El bullicio ensordecedor nos despertó. Aún estaba oscuro. Fue aclarando el día, contemplamos cientos... quien sabe miles, de personas que pululaban arriba y abajo en todas direcciones. Era un espectáculo casi grotesco. En el color de aquella gente no había tonalidades, todo era puro azabache. Hablaban precipitadamente, no entendíamos absolutamente nada. Por la tarde salimos a visitar a un misionero en la montaña. Nos detuvimos en la Misión Bautista. El hermano Luis tomaba para la historia las escenas sobresalientes con su cámara de vídeo. El bastón pasaba de mano en mano. A veces lo tenía Polanco, que era el segundo hombre que acompañó al hermano Luis en ese viaje misionero a Haití; otras veces lo tenía Ángel, que era el misionero anfitrión. Yo cargué el bastón bastante tiempo; sin embargo, el hermano Luis, que era el que necesitaba el bastón, casi ni lo tocaba.

Se hizo misión en aquel país. Se llevó "bendición" a aquella gente necesitada que vivía en el corazón del hombre del bastón que casi no lo usaba. ¡Que corazón tenía aquél benefactor! Le preguntaba a los que llegaban cuál era su necesidad y de acuerdo con lo que decían, a la información que le ofrecía el hermano Ángel, y a la intuición de hombre que, más allá de las apariencias, ayudaba a las personas en "su situación". Todos salían alegres con la "bendición" recibida. Después de una semana teníamos que dejar el país. Se hicieron los arreglos. Abordamos el avión y vimos desaparecer a lo lejos aquel lugar que había desvelado por tantos años a aquél visionario. ¡Él tenía en su corazón tantos proyectos! Dijo San Juan de la Cruz "cuando lleguemos a la tarde de esta vida, seremos juzgados tan sólo por la ley del amor." El amor por aquel país fluía a borbotones de aquel corazón que Dios había transformado casi en su adolescencia el 16 de diciembre del año 1939. Había ayudado a fundar y estuvo toda su vida en la Iglesia de Dios Pentecostal, M.I. del Barrio Quebrada de Camuy.

Ya estábamos en Puerto Rico. Haití era una añoranza. La salud del hermano Luis se estaba deteriorando, la casa terrestre se estaba deshaciendo **(2 Corintios 5: I)**. ¡Cuántas veces al participar en la ministración de nuestra congregación del barrio Quebrada, decía en forma jocosa, refiriéndose a su condición de salud: _ "Si digo las enfermedades que no tengo, avanzo más que diciendo las que tengo» ¡Y era cierto! Aquél incansable luchador quería volver a Haití. Sin duda podía decir con el Apóstol Pablo; *«De ninguna cosa hago caso, ni estimo mi vida preciosa para mí mismo, con tal que acabe mi carrera con gozo, y el ministerio que recibí del Señor Jesús. . . «* **Hechos 20:24**

El jueves 3 de agosto del 1995 regresamos de Haití. El jueves siguiente me llamaron de emergencia. Al hermano Luis le había dado un infarto. Me dirigí a su casa. Allí en el suelo de la cocina yacía agonizante el hombre del bastón. ¡Cuántas cosas pasaron por mi mente en aquel momento tormentoso! Aquél insigne camuyano se le apagaba la existencia. Aquél que luchó por su comunidad desde muy joven. El que estaba en cualquier lugar donde había que hacer el bien y traer el progreso al barrio. El que luchó incansablemente por su iglesia, en la cual había estado la mayor parte de su vida. Aquél que todos consultaban cuando había una tarea difícil que emprender.

Fue llevado a una clínica en Arecibo. No recobró el conocimiento. Yo entendía que el viaje que recién había concluido el hermano Luis había sido el último a aquella tierra azabache, de gente con una esperanza trunca; pero no fue su último viaje. Todos orábamos por la salud de aquel misionero sin credenciales, sin títulos humanos, sin aspavientos. Aunque le gustaba la conversación profunda, en los días que estuvo en la clínica no pudo «filosofar». ¡Qué triste que no pudo hablar con nosotros después de aquella caída! Si lo hubiera podido hacer, quizás hubiera dicho como Epicteto: _ «Cuando sea llegada mi hora, moriré, pero moriré como debe morir un hombre que no hace más que devolver lo que se le confió.»

El 15 de agosto de 1995 aquel incansable misionero, aquel filósofo de la vida, salió de viaje. Salió al viaje más largo de su ministerio. Salió a la Paz de su Padre. Esta vez fue sólo. No lo acompañé; ni Polanco, ni Ángel. Los ángeles del Señor le acompañaron. Era su último viaje.

7

La hermana Mami

"No reprendas al anciano, sino exhórtale
como a padre; a los más jóvenes, como
a hermanos; [2] *a las ancianas, como a madres; ..."*
1 Timoteo 5: 1-2

En todas las congregaciones hay personas que de una forma u otra tocan de cerca nuestras vidas. Si fuésemos a escribir sobre todas, como dijo el discípulo amado, *"si se escribieran una por una, pienso que ni aun en el mundo cabrían los libros que se habrían de escribir."* **Juan 21:25.** Cuando se trata de ancianos, es algo sinigual. Sin embargo, no puedo pasar por alto una amada hermana que tocó nuestras vidas en una forma peculiar. La hermana Mami continuó cerca de nosotros aún después de salir de la iglesia de Quebrada. Su verdadero nombre era Elba María Pérez Pérez, sin embargo, una de sus hijas, la hermana Elba Rivera Pérez, cuando la presentaba en la congregación lo hacía diciéndole "la hermana Mami", y se quedó así, para mucha gente.

Tengo todavía algunos marcadores que me regaló la hermana Mami años después de haber salido de Quebrada; marcadores que había creado como parte de sus manualidades en el cuidado diurno del Centro de Ancianos de Camuy. Cuando éramos sus pastores la hermana Mami nos invitaba muy seguido a buscar las "primicias", entiéndase: los platanitos, guineos, etc. que cultivaban en su finca. ¡Nunca salíamos con las manos vacías! Después de dialogar un rato y orar con ella y el hermano Ángel, que por cierto, le decíamos el hermano Papi, al intentar salir del hogar nos daba una orden seca: ¡Usted no se puede ir todavía! Tengo algo que contarle. ¡Qué historias aquellas de la hermana Mami!

La hermana Elba, que era la abuela de la esposa de nuestro hijo Samuel, era famosa como declamadora de extensos poemas. ¡Muchos de ellos los sabía de memoria! Ya cuando los años iban haciendo su trabajo, decía: _ "Lo sé de memoria, pero tengo aquí el papel, ¡por si acaso! Implicaba que si lo olvidaba recurriría al escrito. No puedo olvidar el título de algunos de sus poemas, como: *El Bombero y el médico, Las doce campanadas, El Sembrador*, etc. La hermana Mami, tenía algunos "achaques de juventud" y se tenía que ausentar de la congregación muy seguido. A pesar de sus achaques, la hermana

Mami tenía un peculiar sentido del humor, decía sus chistecitos y después se hacía la muy seria.

Cuando fuimos trasladados a Camuy, pueblo, y por ser parte de la familia, visitábamos con frecuencia a la hermana Mami y el hermano Ángel. Una de las cosas que siempre me informaba era cuando el pastor que nos sustituyó los visitaba; pero lo hacía en su peculiar forma: _ "Aquí estuvo el pastor de Ángel." Lo que ella quería decirnos era que nosotros seguíamos siendo sus pastores. Siempre tenía nuestro retrato en la mesa de centro de su sala o en algún lugar especial. Pero, más que eso nos tenía en su corazón. ¡Cuántas hermanas Mami hacen falta en las congregaciones!

8

Mi amigo el cura

"Y seguían a Jesús Simón Pedro y otro
discípulo. Y este discípulo era conocido
del sumo sacerdote, y entró con Jesús
al patio del sumo sacerdote;"
Juan 18:15

Estando al cuidado de las ovejas de mi Padre en
el Barrio Quebrada de Camuy conocí al párroco
de la iglesia católica de la comunidad. Habíamos
coincidido en varias actividades en diferentes
lugares, incluyendo la caminata anual denominada
"La noche afuera", y otras actividades comunitarias.
Los diálogos que sosteníamos eran muy amenos y
nunca entramos en controversias ni en diferencias
religiosas, doctrinales o dogmáticas. Así nació una
hermosa amistad con mi hermano Alberto Díaz.
Aunque no es común, es posible, una hermandad
sincera entre un pastor protestante, pentecostal y un
sacerdote de la Iglesia Católica.

El amigo Alberto visitó nuestra casa y se tomó su juguito, compartimos como familia. Todavía estábamos ministrando en Quebrada cuando trasladaron a mi hermano Alberto a la Parroquia La Milagrosa de Arecibo. Antes de irse a su nueva parroquia fue a nuestra iglesia a despedirse una mañana de domingo mientras celebrábamos nuestra escuela Bíblica. Le pedimos que esperara unos momentos para que saludara nuestra feligresía; había algunos miembros de nuestra congregación que también tenían muy buena relación con el cura. Fue un verdadero placer que el cura de nuestro barrio tuviera la deferencia de ir a nuestra congregación a despedirse de sus amigos. Para mí fue un extraordinario ejemplo de lo que se puede conseguir con una buena amistad.

Llevábamos unos años en la congregación de Camuy, pueblo, cuando volvimos a encontrarnos. En esa ocasión se llevaba a cabo en nuestro templo el velatorio del evangelista Yiye Ávila, y mi amigo Alberto fue uno de los que vinieron a rendir sus respetos al varón de Dios. Hablamos en esa ocasión y me informó que estaba actualmente en la Parroquia San José de nuestro pueblo. ¡Volvimos a coincidir en los lugares donde hemos ministrado.

Cuando la congregación de Camuy estaba haciendo preparativos para celebrar nuestros cuarenta años de ministerio pastoral le pedí a los organizadores, específicamente a mi hermano José Luis Hernández, que invitaran a mi amigo el cura. ¡Qué grata sorpresa me dio mi hermano Alberto! Apareció unos días antes de la actividad a excusarse por tener una actividad programada que confligía con la nuestra. Nos abrazamos y le agradecí tan noble gesto. ¡Esa dinámica no se ve todos los días! ¡Alabo a Dios por ello!

Llegó el día de nuestra jubilación y volvimos a invitar a mi amigo el cura para que compartiera con nosotros. En esta ocasión, que estaba la plana mayor de nuestra organización en Puerto Rico, allí estaba mi buen amigo Alberto Díaz. Transcurrido el programa, cuando me permitieron dirigirme a los presentes, invité al párroco que nos dejara unas palabras de saludo. ¡Qué sorpresa se llevó la mayoría de los asistentes! El cura del pueblo comenzaba sus palabras de saludo dando un poderoso ¡Gloria a Dios! Sus palabras me conmovieron sobremanera. Le di gracias al Señor que me dio el privilegio de tener allí al cura del pueblo, en la iglesia pentecostal, despidiendo a su amigo.

¡Cuántas cosas podemos lograr con un poco de armonía y otro poquito de respeto y deferencia! Yo no me hice católico ni él se hizo pentecostal; pero cultivamos la amistad que debe haber en la humanidad aunque tengamos diferentes puntos de vista. Las palabras del salmista las podemos vivir, no sólo en nuestras congregaciones, sino también con otros que aman al mismo Dios que nosotros, aunque tengan diferencias doctrinales y dogmáticas. *"¡Mirad cuán bueno y cuán delicioso es habitar los hermanos juntos en armonía!"* **Salmo 133:1**

9

Volviendo al presbiterio

"... porque a todo lo que te envíe irás tú,
y dirás todo lo que te mande.
Jeremías 1:7

En el tercer tramo de nuestro maratón pastoral fui electo y reelecto presbítero de nuestra organización. En aquella ocasión me vi en la obligación de renunciar a tan honrosa posición por cuestiones de principios, así consta en mi carta de renuncia. Había dicho, con mi boquita de comer, que no aceptaría jamás esa posición, así lo expresé al cuerpo ministerial de aquel entonces en el distrito de Arecibo. ¡Fui un tanto atrevido al verbalizar mis pensamientos!

Unos años habían pasado de mi pastoreado en Quebrada cuando tuve una experiencia dolorosa e inolvidable. Estaba orando en el templo y cuando estaba ya para regresar a la casa, cerca de las seis de la mañana, presentaba al Señor la elección del presbítero que se llevaría a cabo en la noche en el templo del Sector Ánimas de Arecibo. Comencé a sentir un fuerte dolor en el pecho, ¡pensé que podía ser un ataque cardiaco! Aquella fue una fuerte lucha en la cual podía sentir que se me estaba dando un aviso, un mensaje, una advertencia del Jefe. No podía soportar más aquella agonía, porque sentía el martillar del llamado al niño profeta: *"... porque a todo lo que te envíe irás tú, y dirás todo lo que te mande."* **Jeremías 1:7**

Aunque había dicho que no quería volver al presbiterio, no pude resistir más aquella agonía. Casi con un grito de lo profundo de mi ser exclamé: ¡está bien Señor, haré lo que tú quieras! Cuando me rendí no se fue del todo aquel agudo dolor, todo el santo día estaba allí como un recordatorio. Ya en la tarde, cuando me disponía a prepararme para ir a la reunión, Irene me pregunta: ¿Y si te traen de candidato? Le dije: No me traerán, sabes que la vez anterior renuncié; pero, en el momento, no le dije de mi experiencia en la oración matinal.

La elección de los presbíteros está dirigida por un miembro del Comité Ejecutivo Regional de nuestra organización, a la reunión de nuestro distrito llegó nuestro Presidente Rev. Pedro Torres Velázquez. Comenzada formalmente la reunión y después de unos momentos de adoración nuestro presidente dio una larga exhortación; a mí me pareció que nunca acabaría, no porque no me gustara escucharle, sino porque mi agonía no terminaba. ¡Por fin comenzó el proceso! _ ¡Vamos a lo que venimos!, expresó el presidente. Después de nombrar un comité de escrutinio y hacer algunas aclaraciones pertinentes se preparó para someter los nombres de los candidatos.

¡Quedé de una sola pieza cuando el Presidente dijo el primer nombre! Los compañeros pastores volvieron sus miradas hacia mí, se acordaban lo que había dicho sobre volver al presbiterio. ¡Tenía la lengua dormida, por no decir todo el cuerpo! ¡Estaba petrificado! No pronuncié palabra, no podía. Se mencionaron los otros dos candidatos y se llevó a cabo la votación. El comité de escrutinio trajo los resultados al presidente, este los mantuvo en la mano y continuó hablando, la agonía no terminaba. Después, pasado un milenio, leyó los resultados. ¡Fui electo nuevamente presbítero de distrito de Arecibo. ¡El Señor hace como Él quiere!

Acepté aquella encomienda como de parte de Dios, no era para menos. Aunque tenía muchas responsabilidades en la iglesia también estaba ofreciendo, a tiempo parcial, unas tutorías de español en la Universidad de Puerto Rico, recinto de Arecibo. Lo informé al Comité Ejecutivo y no hubo problemas; en aquel momento nuestro reglamento no permitía a los presbíteros estar comprometidos con trabajos seculares. Luego de unos meses decidí dejar aquel compromiso y dedicarme enteramente al ministerio pastoral y al presbiterio. ¡Dios es bueno!

QUINTO TRAMO

1

Un tramo retador

Mientras ellos se iban, comenzó Jesús
a decir de Juan a la gente: ¿Qué salisteis
a ver al desierto? ¿Una caña sacudida
por el viento?

Mateo 11:7

La tarea pastoral en Quebrada era ardua y retadora, pero la gracia del Señor nos dio fuerzas y bendiciones. Estábamos apasionados con el proyecto del nuevo templo y las demás áreas del trabajo en la congregación estaban fluyendo formidablemente. Toda la congregación estaba haciendo su asignación y los fondos para el nuevo templo seguían incrementando. Mis hijos estaban encaminados en sus estudios e integrados en las actividades de la congregación. Todo parecía estar en orden y había una congregación unida y en armonía.

Mientras todo transcurría en la congregación y en el distrito que supervisaba, surgió la vacante de la congregación de Camuy, pueblo. Como presbítero me correspondía, cuando el presidente me indicara, comenzar el proceso de la transición pastoral. Normalmente se programaba una reunión de exploración y expectativas con la Junta Local de la congregación. Luego, cuando el presidente asignara el candidato, una reunión de diálogo y aceptación, etc. Continuaba mi labor pastoral entre tanto esperaba las directrices del Ejecutivo.

Recibí la comunicación del presidente: me habían seleccionado para que fuera el pastor de la congregación de Camuy, pueblo. Me informó el presidente que el Tesorero regional, Rev. Robustino Figueroa, sería el coordinador de las reuniones con la Junta Local de la congregación. Aunque estaba enfocado en el trabajo de la congregación de Quebrada y teníamos el proyecto del nuevo templo; acepté la encomienda de ir a Camuy, pueblo, entendiendo que era una manera de ampliar nuestro ministerio, sería la única iglesia de pueblo que pastorearía. Me reuní con la Junta Local de Quebrada y le informé de la designación y la inminente reunión con la Junta de Camuy, pueblo. Siempre he hecho cada movimiento en que he estado implicado con responsabilidad e integridad pastoral. ¡No se puede esperar menos de un pastor de las ovejas del Padre!

La reunión se llevó a cabo y se acordó la instalación oficial para el 31 de enero de 2001. Después de informar a la Junta Local de Quebrada, se hizo el anuncio a la congregación en pleno. He afirmado, afirmo y afirmaré que las transiciones pastorales son los momentos más difíciles, estresantes e incómodos en la tarea pastoral. Hay unos vínculos que se han formado, unos lazos que se han amarrados, un amor que se ha cultivado, una gente que entra a nuestro corazón para jamás salir. Allí estábamos aquel domingo, unos extasiados, otros llorando, otros resignados; pero todos siendo parte de aquel desenlace imprevisto.

Haciendo un pequeño paréntesis, pienso que cuando Jesús llamó la atención de las multitudes hacia la persona del Bautista les enseñó una importante moraleja: *¿Qué salisteis a ver...?* En aquella pregunta iba un mensaje velado: No juzguéis por las apariencias. Aquel muchacho flacucho de casi seis pies de estatura que salió comenzando el año 1976 del Barrio Cortés de Manatí no parecía llegar muy lejos; pero al Señor de la iglesia le plació que fuera cuidador de sus ovejas, presbítero en varias ocasiones y parte del Comité Ejecutivo Regional en Puerto Rico.

¡Llegó el día! La iglesia de Quebrada, en su inmensa mayoría, me acompañó a comenzar aquel tramo de nuestro maratón pastoral. El Sub-Secretario del Comité Ejecutivo Regional, el Rev. Rafael Torres, ofició la ceremonia de instalación. Había mucha expectativa, el templo estaba abarrotado por la dos congregaciones y otros invitados que nos acompañaron en aquella memorable ocasión. De todos, yo era el más inquieto que estaba, estábamos comenzando, aunque no lo sabíamos a ciencia cierta, el que sería el último tramo de nuestro maratón pastoral.

2

Un acomodo razonable

"Los hijos de los profetas dijeron a
Eliseo: He aquí, el lugar en que
moramos contigo nos es estrecho."
2 Reyes 6:1

Siempre he vivido en la comunidad donde me ha correspondido cuidar las ovejas de mi Padre; eso es parte de mi filosofía pastoral. Al comenzar nuestra tarea en la congregación de Camuy, pueblo, fuimos a ver inmediatamente la casa pastoral para mudarnos. La casa tenía tres cuartos, el dormitorio principal y dos dormitorios pequeños donde sólo cabía una cama. Para aquel tiempo mis tres hijos estaban en casa. Dialogamos con la Junta Local y acordamos añadir un dormitorio adicional a la casa; la familia pastoral permanecería en la casa que alquilábamos en el Barrio Quebrada mientras se hacía la ampliación.

Los trabajos de ampliación en la casa pastoral se extendieron cerca de seis meses; en ese periodo de tiempo viajaba todos los días a las labores desde el

Barrio Quebrada al pueblo de Camuy. Fue en esos días que comencé a colaborar como parte del Comité Ejecutivo de nuestra organización. Agradezco al Dios que me llamó ese alto privilegio que me concedió de servir en esa parte del trabajo de nuestra iglesia. El Comité Ejecutivo se reunía normalmente todos los miércoles en reuniones ordinarias. Aunque hemos sido llamados a cuidar las ovejas del Padre, en su misericordia, Él no permite colaborar en otras áreas del trabajo de su iglesia en esta preciosa isla.

Culminada la ampliación de la casa pastoral estaba en agenda ocuparla lo antes posible. Dado que en nuestro tramo anterior nos mudamos muchas veces en un periodo corto de tiempo, ya mi esposa les tenía pavor a las mudanzas. Para ese entonces la hermana Alejita Tavárez, misionera oficial de nuestra congregación invitó a Irene a un viaje Misionero a la República Dominicana. El viaje sería por una semana, tiempo suficiente para traer nuestros bártulos a la casa pastoral sin que mi esposa estuviera en ese trance. Cuando, a su regreso del viaje, fui al aeropuerto a buscarla la llevé, para su sorpresa, directamente a la casa pastoral. Las demás cosas se acomodarían a su gusto y manera. ¡Dios es bueno!

Ubicados ya en la casa pastoral comenzamos a acomodar las cosas según la jefa indicara. Mi estudio estaría en la planta baja donde se había preparado una habitación con su baño. Allí estarían mis libros de estudio, la computadora y mi rincón devocional; ese rincón de encuentro con el dueño de las ovejas. Estábamos preparados para una larga jornada en Camuy, pueblo, al cuidado de las ovejas de mi Padre.

3

El famoso caso del pastor alemán

"Bueno es no comer carne, ni beber
vino, ni nada en que tu hermano tropiece,
o se ofenda, o se debilite."
Romanos 14:21

Con la mudanza trajimos a nuestro querido perro Goliat, el cual estaba con nosotros desde cachorrito. Goliat era un perro de la raza pastor alemán que nos había regalado el hijo de una feligresa de nuestra congregación de Quebrada. Como no habíamos habilitado un lugar para él lo manteníamos amarrado en la parte posterior de la casa pastoral. Estábamos analizando cómo y en qué lugar lo ubicaríamos. Todos los perros ladran si están saludables, Goliat no era la excepción. Pero, si el perro está saludable y amarrado ladra mucho más. ¡Es cuestión de perros!

Teníamos, al llegar a la casa pastoral, un buen vecino, que por cierto, había sido pastor, y actualmente ejercía la abogacía. Todavía no nos habíamos comunicado, ni saludado, cuando llamó para ver qué íbamos a hacer con el perro que estaba ladrando demasiado y les causaba molestias. Dicho sea de paso, el vecino tenía dos perras de la misma raza que el nuestro. Le expliqué que acabábamos de mudarnos y entre tanto lo ubicábamos en el lugar adecuado debíamos tenerlo amarrado pues no conocía el lugar. Pensamos que con la explicación dada estaba resuelto el problema, y lo dimos por resuelto. Continuamos nuestras tareas diarias y todavía no habíamos decidido donde ubicar permanentemente a nuestro pastor alemán.

Días después del incidente con Goliat recibí una llamada del recién electo presbítero, el Rev. Edwin Maldonado, quien me había sustituido en ese cargo hacía unas semanas. El pastor Maldonado, además de compañero de ministerio era mi amigo por muchos años. Nos saludamos y en medio de carcajadas me informó que el presidente le había delegado comunicarse conmigo pues había recibido una carta notarizada dando cuenta de las molestias del perro que ladraba mucho. Yo también recibí copia de la carta que detallaba las peripecias de mi vecino "víctima" de los ladridos de Goliat. Era una carta de tres páginas en papel tamaño legal con lenguaje grandilocuente propio de un abogado experimentado.

Terminada la llamada nos dimos a la tarea de solucionar aquel intrincado caso legal del pastor alemán que había tenido repercusiones en las oficinas centrales de nuestra organización. Procedimos a separar con tubos de metal y tejido de ciclón un área en la parte de atrás de la casa pastoral donde Goliat estaría libre, pero sin acceso a la casa; así de una vez por todas resolveríamos el caso del pastor alemán. Haciendo honor a la verdad, aquel caso del pastor alemán ha sido el único que se ha dilucidado en el Comité Ejecutivo de la Iglesia de Dios Pentecostal, Movimiento Internacional, en Puerto Rico. En adelante los compañeros del Comité Ejecutivo, de vez en cuando, me preguntaban sobre el estado de mi famoso perro el cual había sido eje de controversia por cumplir con su misión de ladrar. Años después le dio a nuestro querido Goliat una celulitis que lo llevó a la eutanasia por no haber remedio para su mal. ¡Hasta los perros que son pastores tienen sus detractores! ¡Ay, Fela de mi alma!

4

Enfrentando viejos esquemas

"Él les dijo: Por eso todo escriba docto en el reino de los cielos es semejante a un padre de familia, que saca de su tesoro cosas nuevas y cosas viejas."
Mateo 13:52

Comenzamos nuestra tarea en la congregación de Camuy, pueblo, conscientes de que era una iglesia con una reconocida trayectoria. Había tenido una pléyade de insignes pastores a los cuales personalmente admiraba. Allí pastoreó el Rev. Ambrosio Padilla, que fue el fundador de la obra; también el Rev. Eleuterio Feliciano, quien más tarde fue Presidente Regional e internacional de la organización; entre otros. Alcanzar esas marcas no era fácil, lo entendía; sin embargo el Señor es el que capacita e imparte sabiduría, Él me ayudaría a hacer la obra para la cual me había llamado. La tarea encomendada era cuidar las ovejas de mi Padre.

Mi primera reunión oficial con la Junta Local fue una de información, conocimiento y proyecciones a corto plazo. En un momento dado de la reunión pregunté cuál era el procedimiento, si alguno, para bodas, quinceañeros, etc. con las personas que no eran miembros de la congregación. La contestación me dejó atolondrado: _ "Aquí no se celebran bodas ni otras ceremonias a menos que las personas sean miembros de la iglesia." Sin meditar mucho dije: _ "Eso era en la pasada administración" La reunión continuó entre risas y rostros mustios.

Hice un esfuerzo extraordinario por conocer todas las áreas de trabajo de la congregación lo mejor que pude. Me di cuenta de que la iglesia estaba batallando con los viejos esquemas que una vez dieron resultado, pero que ahora estaban obsoletos. Las hermanas que tenían "pollinas" no podían participar en las áreas de ministración, por ejemplo. Había un culto de oración los lunes para los que quisieran venir; cada grupo: damas, caballeros, jóvenes y niños cubrían el calendario de la semana con sus "cultos de sociedades". Una persona se encargaba de dirigir la adoración en el culto dominical y apenas había un ministerio de música.

En cierta ocasión me encontré con mi amigo y compañero de milicias cristianas, el Rev. Ernesto

Santos, quien fue el pastor al cual yo había sustituido; este compartió conmigo un sueño que había tenido. Me contó que me vio en el sueño domando un potro bravo... y que al fin le había sacado paso. En varias ocasiones, cuando coincidíamos en alguna actividad, me volvía a recordar el sueño. Aunque no lo verbalizábamos, los dos con nuestra intuición pastoral coincidíamos en la posible interpretación del sueño.

Se necesitaron muchas plegarias, muchos desvelos, y, sobre todo, una total dependencia del Padre, para salir adelante en medio de todas las circunstancias. La iglesia de Camuy, pueblo, salió adelante y marcó su paso hacia la conquista de un sinnúmero de metas propuestas en las cuales el Señor nos dio unas maravillosas victorias. La iglesia logró una organización dinámica y fuerte, los líderes asumieron cada uno sus responsabilidades con mucha entrega y compromiso; se levantó un poderoso ministerio de adoración y vimos la mano del Señor moviéndose a lo largo de muchos años. ¡Toda la gloria es de Él!

En este tramo de nuestro maratón pastoral motivamos al pueblo a venir de madrugada al templo a clamar; los domingos el templo estaba abierto a las seis de la mañana para buscar el rostro del Señor y se estableció un culto de oración y estudio bíblico al cual acudía gran parte de la congregación. Se estableció, además, lo que denominamos "Santa convocación", que eran retiros de tres días donde en la mañana, en la tarde y en la noche acudíamos al encuentro de nuestro Señor. En la mayoría de las ocasiones se celebraban dos veces al año. ¡Eran experiencias inolvidables! ¡A Dios sea la gloria!

5

Juzgando las apariencias

"No juzguéis según las apariencias,
sino juzgad con justo juicio."

Juan 7:24

Hay muchos mandatos en la Palabra de Dios que algunos creyentes pasamos por alto consientes o inconscientemente. Cuando Samuel recibió la orden de ungir un rey para que sustituyera a Saúl Jehová le advirtió sobre el error de juzgar las personas según las apariencias. El escritor sagrado lo expresa así: *"Y Jehová respondió a Samuel: No mires a su parecer, ni a lo grande de su estatura, porque yo lo desecho; porque Jehová no mira lo que mira el hombre; pues el hombre mira lo que está delante de sus ojos, pero Jehová mira el corazón."* **1Samuel 16:7** En el siglo presente cometemos el mismo error a pesar de lo que nos advierten las Sagradas Escrituras. El Señor Jesús afirmó: *"No juzguéis según las apariencias, sino juzgad con justo juicio."* **Juan 7:24**

Estábamos llevando a cabo nuestra primera escuela de vacaciones; todo estaba en orden y un gran número de niños y adolescentes de la congregación y la comunidad disfrutaban aquel hermoso tiempo. Era miércoles, día de nuestro retiro semanal, el cual se celebraba en la capilla de retiros en la planta baja de nuestro templo. Me cuenta el director del Departamento de Educación Cristiana y Familia de nuestra iglesia, que en aquel momento estaba a cargo de la Escuela de vacaciones, que se le acercó uno de los participantes del retiro y le hizo el siguiente comentario: _ "Creo que el pastor no ora" Sabía perfectamente el porqué del comentario; el hermanito estaba acostumbrado a ver al pastor anterior de rodillas mientras transcurrían los cultos de adoración. El nuevo pastor estaba adorando con el pueblo durante el culto; su tiempo de devoción no era para ser visto por la feligresía.

Nunca he querido dar la impresión de ser un pastor "espiritual" recurriendo a las apariencias; el Señor conoce nuestro corazón y a Él le debemos dar cuentas. Los religiosos durante el ministerio de Jesús se caracterizaban por esta cualidad: *"Antes, hacen todas sus obras para ser vistos por los hombres."* **Mateo 23:5** Le hacemos mucho daño al evangelio de Jesucristo si evaluamos las personas por lo que hacen para ser vistos. La enseñanza del Maestro es: *"Mas* *tú, cuando ores, entra en tu aposento, y cerrada la puerta, ora a tu Padre que está en secreto; y tu Padre que ve en lo secreto te recompensará en público."* Mateo 6:6

Hay tiempos de convocar al pueblo a la oración y hay tiempos de estar a solas con Dios; debemos hacer diferencia entre uno y otro para no caer en el fariseísmo. Podemos, aunque no haya la intención, enviar un mensaje equivocado a las ovejas cuando pasamos el tiempo de la adoración "orando".

Hay tiempo para todo. El escritor bíblico nos aconseja: *¿Está alguno entre vosotros afligido? Haga oración. ¿Está alguno alegre? Cante alabanzas.* Santiago 5:13; esto también tiene su tiempo; ¡pero no todo el tiempo estamos tristes! La iglesia desea que los líderes le den ejemplo de lo que es el culto público y la adoración; queramos o no nos están mirando y seguirán nuestro ejemplo.

La Biblia, no sólo nos enseña a no juzgar por las apariencias, va más allá y nos enseña a no juzgar a nadie. El Señor Jesús nos advirtió claramente en su enseñanza en **Lucas 6:37**: *"No juzguéis, y no seréis juzgados; no condenéis, y no seréis condenados; perdonad, y seréis perdonados."* Estamos llamados a amarnos los unos a los otros y a ayudar al hermano que lo necesite o se aparte de la verdad. La Biblia nos dice claramente que Dios es el juez, a Él le corresponde juzgar a todos.

6

¿Privilegios sin responsabilidades?

"Y decía a todos: Si alguno quiere
venir en pos de mí, niéguese a sí
mismo, tome su cruz cada día, y sígame."
Lucas 9:23

En todas las congregaciones hay diversidad de personas: hay fieles muy entregados a la obra, los hay descuidados, hay retraídos; hay los que no aceptan responsabilidades pero quieren disfrutar de todo privilegio, etc. Hay, inclusive, familias enteras que sobresalen en público haciendo galas de sus habilidades, pero no cumplen con sus deberes y responsabilidades en la congregación. ¡En la mayoría de las congregaciones los hay, y Camuy, pueblo no era la excepción!

Me encontré con este fenómeno en el quinto tramo de nuestro maratón pastoral. Había un grupito de personas que les agradaba "la barquilla" para ministrar en diferentes áreas, especialmente en el cántico, pero no cooperaban en la congregación con sus diezmos. Me enteré de esta situación según pasaban los días e iba conociendo mejor las ovejas de mi Padre en esta hermosa iglesia. Cuando asumí el pastorado en esta congregación ya hacía mucho tiempo que este fenómeno estaba entronado. ¡Qué fácil es disfrutar de todos los privilegios del rebaño, pero no sentirse responsable de nada! En las congregaciones que he ministrado no me inmiscuyo personalmente en lo concerniente a las finanzas, pero siempre he pedido a los que presiden el Comité de finanzas que me mantengan al día y bien informado al respecto.

Poco a poco fui trabajando con la situación, aunque sabía que si estiraba mucho la cuerda se partiría. ¡Ese tiempo llegó! Había una presentación de talentos auspiciado por la Asociación de Jóvenes Embajadores de Cristo (AJEC) y la presidenta local me trajo los formularios de participación para que firmara la autorización. Entre las solicitudes estaba una de un joven muy talentoso, pero que no cumplía con sus deberes con la congregación. Le informé a la presidenta que no firmaría la participación de aquel joven.

El domingo siguiente el joven me abordó en el pasillo, cerca de mi oficina, para cuestionarme la razón de no haberle firmado su participación. Había varias personas cerca, pero el muchacho no me dio tiempo a escucharlo en la oficina y al decirle la razón, procedió a romper en pedazos el formulario y me los arrojó encima. Unos momentos después el papá vino a mi oficina a abogar por su hijo. Le volví a explicar la situación, que obviamente era de su conocimiento, y me dijo que había que ser más flexibles con los muchachos. ¡Compai, compai, pero la gallina vale seis reales! La amistad y la comprensión son esenciales en el pastorado, pero nuestros principios no se pueden negociar.

Aquella familia se alejó de la congregación y se desbandaron en diferentes iglesias. Es triste para un pastor ver partir una familia talentosa en esas circunstancias, pero lo que se debe poner en orden en una congregación, en algunas ocasiones, tiene su costo, y ese precio debemos estar dispuestos a pagarlo. La iglesia es un lugar de paz y armonía, nadie puede tener privilegios si no acepta sus responsabilidades. Jesús, que nos llamó a descansar en él, afirmó que el que quiera seguirle debía también llevar su cruz. ¡Qué fácil sería ser coronados sin haber cargado la cruz! Privilegios y responsabilidad van de la mano.

7

Diecisiete kilómetros muy intensos

"Por tanto, velad, acordándoos que…,
de noche y de día, no he cesado de
amonestar con lágrimas a cada uno."
Hechos 20:31

Desde que comencé a cuidar las ovejas de mi Padre, nunca me detuve a preguntar cómo sería más fácil, o el proponerme ir más despacio, etc. Comencé un maratón pastoral y mantuve la intensidad hasta el día que entregué formalmente la congregación de Camuy, pueblo. Sin embargo, en vez de tomarlo suave al final de mi carrera, continué sin mirar atrás con las fuerzas que me ha dado el Señor. No cabe duda de que hubo momentos difíciles, que nos faltó el aire, que tropezamos estrepitosamente, que estuvimos a punto de desmayar, etc. Más adelante, recobrado el equilibrio, recuperadas las fuerzas, superados los momentos difíciles; por la gracia y la misericordia de nuestro Señor salimos adelante con mayor intensidad.

En la congregación de Camuy, por casi diecisiete años, no tuvimos tregua. En este tramo de nuestro maratón pastoral había un proyecto detrás del otro; concluíamos una tarea y ya estaba planificada la siguiente, día tras día, año tras año. El Señor de las ovejas, mi Padre, de quien son propias las ovejas, nos mantuvo en la brecha, trabajando los asuntos que requieren la administración de una congregación, sin descuidar la vida espiritual del rebaño. Pudiéramos mencionar una lista interminable de actividades que mantenían la congregación en pie de lucha y en victoria: los cultos de oración y estudio, las vigilias, los retiros de los miércoles durante el día, las santas convocaciones, las caminatas de oración, los impactos en la calle, las cadenas de ayuno, las campañas de oración, la ministración de la Cena del Señor, la oración los domingos en la mañana, etc. Continuamente estábamos en la tarea del discipulado con los nuevos convertidos, nunca delegué esa tarea, tengo la convicción de que es responsabilidad del pastor formar gente.

En el área administrativa nunca faltó un proyecto: La ampliación de la casa pastoral, la preparación de una despensa para ayudar a quienes necesitaban una compra, la compra y mantenimiento de las máquinas del acondicionador de aire, la compra de bancos acojinados, el estudio de televisión para los cultos de domingo y actividades especiales, la trasmisión en vivo de los cultos por La Cadena del Milagro, asfaltar el estacionamiento oeste, la construcción de la verja frente al templo, comprar un generador para respaldo cuando fallaba la energía eléctrica, dar tratamiento especial a las viguetas de la planta baja del templo; además, la preparación de la capilla de retiros, que sería un homenaje a la Misionera Alejita Tavárez, etc.

La iglesia de Camuy pueblo era, para mí, la culminación de una carrera intensa, muy intensa. Recuerdo que llevábamos como diez años en esta congregación cuando el Secretario del Comité Ejecutivo, de aquel momento, me llamó para que fuera a hacerme cargo de una de nuestras congregaciones en el sudeste de nuestro país; le dije sin pensarlo mucho que el tiempo que el Señor me permitiera estar en el pastorado activo lo dedicaría a Camuy, pueblo. ¡Así lo hice!

Una de las bendiciones con la que puede contar un pastor es con líderes abnegados y dispuestos a estar ahí en todo momento. Me sentí bendecido por un extraordinario pelotón de hermanos y hermanas que estuvieron conmigo en toda situación; no los mencionaré por sus nombres para no pecar dejando alguno fuera. Quiero, sólo mencionar los secretarios y tesoreros de la congregación que caminaron la milla extra y cumplieron cabalmente sus funciones. Algunos de esos secretarios cuando me reunía con ellos para recordarle algún programa o documento ya lo tenían a la mano. ¡Qué bendición!

8

Mis pastores asistentes

Y hablaba Jehová a Moisés cara a cara,
como habla cualquiera a su compañero.
Y él volvía al campamento; pero el joven
Josué hijo de Nun, su servidor, nunca se
apartaba de en medio del tabernáculo.
Éxodo 33:11

Una de las tareas que me impuse desde el comienzo de nuestro maratón pastoral es la de preparar la siguiente generación de líderes que hagan la labor pastoral y sean sus ayudantes. En mi primer tramo, por ser una congregación en formación, se hacía más difícil esa tarea, aunque descollaron algunos jóvenes. En Piedra Gorda, por ser ya una congregación estable pude contar con un hermano que me ayudó extraordinariamente porque tenía madera de pastor. Por cierto, años después, el hermano Ángel Luís Feliciano estaba a cargo de un rebaño. Su estilo fogoso y unción sobresalían en su trabajo pastoral.

Cuando llegué al barrio Dominguito de Arecibo, había varios líderes que me ayudaron grandemente;

el pastor Iván Santiago fue mi asistente por algunos años, finalmente fue instalado como pastor en una congregación cercana. De la misma forma en el barrio Quebrada de Camuy conté con un hermoso grupo de líderes que me dieron la mano en toda circunstancia; de ellos salió al pastorado el joven José L. Torres, a quien considero mi hijo espiritual. Su esposa, Mirna es una ayuda extraordinaria y una buena predicadora.

Al llegar a Camuy, pueblo, que es una iglesia con mucha feligresía y una organización más compleja, tenía la necesidad de un asistente reconocido por la organización. Después de un tiempo en el cual me estaba relacionando con la iglesia y conociendo sus líderes solicité a nuestra organización se reconociera al hermano Manuel Serrano como mi asistente oficial. El pastor Serrano estuvo cerca de cinco años como asistente en Camuy y luego fue instalado en una de nuestras iglesias como pastor en propiedad.

Después de la salida del pastor Serrano continuamos el proceso para reclutar un nuevo asistente. Para ese entonces era miembro de nuestra iglesia el pastor Luís A. Pérez que se había mudado a Quebradillas procedente del Distrito del Pepino. Cuando supo que estábamos en el proceso de buscar un asistente me dijo que estaba disponible para asumir la responsabilidad. Se hicieron las gestiones pertinentes y nuestra organización lo reconoció como nuestro asistente oficial. Pasaron algunos años y el pastor Pérez renunció al cargo y a la organización.

Volvimos nuevamente a iniciar el proceso, esta vez con un joven, miembro de nuestra congregación, que era hijo de pastor, el hermano Carlos E. Hernández. Después de un proceso de más de un año fue instalado oficialmente como nuestro pastor asistente. Unos años después fue reclamado por nuestro Obispo Regional para ser instalado como pastor en propiedad de una de nuestras congregaciones en el pueblo de Arecibo.

La congregación siguió adelante y más tarde solicitamos al Ejecutivo Regional que reconociera al joven Juan Miguel Rosado como nuestro pastor asistente. Se dio el proceso, los solicitantes a ingresar al cuerpo ministerial de nuestra organización deben pasar por un escrutinio riguroso: el visto bueno o respaldo del pastor y la Junta local de la iglesia donde es miembro; luego una entrevista con el Presbítero del distrito; si todo prospera, se le entrega la solicitud oficial. Presentada la solicitud oficial con sus anejos y documentos requeridos, el candidato se presenta ante el Comité Evaluador de Solicitudes de Ingreso al Ministerios (CESIM); si el comité lo evalúa positivamente pasa al Ejecutivo Regional para su evaluación final. El hermano Juan Miguel Rosado fue instalado como Pastor Asistente al cumplir todo el proceso.

Los pastores en ciernes deben ser una de las metas de los pastores que vamos de paso, la iglesia de Jesucristo nunca carecerá de obreros si con diligencia nos damos a esa tarea. No es fácil, humanamente hablando, pero el Padre, de quien son las ovejas, Él nos capacitará para no dejar de lado esa parte de nuestro ministerio.

9

La pastora de los sordos

"Entonces los ojos de los ciegos serán abiertos y los oídos de los sordos se abrirán."

Isaías 35:5

La gran misión de proclamar el evangelio a toda criatura es la razón de ser de la iglesia de Jesucristo en este mundo; sin embargo, hay personas que por su condición de sordera no pueden escuchar esas buenas nuevas. Llevaba unos años en la iglesia de Camuy pueblo cuando la hermana Ena Beltrán, fiel feligresa de nuestra congregación, trajo a mi consideración su interés de trabajar con la comunidad sorda. Para ello debía relacionarse con ese ministerio en otra congregación que ya estaba inmersa en esa tarea y que era necesario asistir allí un tiempo para, más adelante, implementar esa gran tarea en nuestra congregación. Nos pareció extraordinario que nuestra congregación se envolviera en esa loable tarea y autorizamos a la hermana a asistir los domingos que fueran necesarios para relacionarse con el ministerio de sordos.

No pasó un año cuando la hermana Ena comenzó a dar sus primeros pasos para que nuestra congregación se envolviera en el ministerio que llevaría el nombre de **Ministerio soy igual que tú**. El trabajo con personas es agotador en sí mismo, pero para trabajar con personas audio impedidas es un reto que pocas personas aceptan. La odisea de esta hermana para comenzar y mantener el Ministerio Soy Igual que Tú ha sido digna de reconocimiento y admiración. La labor inmensa de la hermana Ena es agotadora y requiere un espíritu perseverante; sólo alguien que ha sido llamado por el Padre a esa labor podrá sostenerse en pie. ¡No cabe duda de que ella fue llamada!

En una ocasión la hermana Ena me abordó para que orientara a algunos miembros del ministerio que atravesaban por diferentes situaciones. Acordamos el horario y los días para reunirnos y comenzar aquel trabajo. Después de reunirnos la primera vez llegué a la casa pastoral tenso y dándome vueltas la cabeza. Sólo estuve un par de horas y el pecho me iba a estallar; entonces entendí la magnitud de aquel ministerio, así me di cuenta de un llamado genuino a cuidar las ovejas del Padre que eran sordas.

En muchas ocasiones me refería a la hermana Ena Beltrán Figueroa como la pastora de sordos, ella se reía y, en ocasiones, me corregía diciendo: _ "¡Yo no soy pastora!". Sin embargo, para ser pastora no se necesita un reconocimiento conciliar, ni una credencial que así lo consigne; para ser pastor o pastora lo que se necesita es una pasión por las almas, un llamado genuino a servir, un anhelo ardiente de cuidar las ovejas de nuestro Padre.

La familia de esta pastora de sordos, sin credenciales, ha sido de mucha bendición en nuestra congregación de Camuy, pueblo. Su esposo, el hermano Ramón Collazo Rosa es un baluarte de nuestra iglesia, como Secretario General de la iglesia y en múltiples labores. Sus dos hijos; Esdras y Edriel han sido también de una ayuda incalculable en diferentes ministerios en la obra. La iglesia de Camuy, pueblo, les agradece su entrega y compromiso. ¡La bendición del Señor sea siempre con ustedes!

10

Una casa para el pastor

Hiram rey de Tiro envió a David
embajadores, y madera de cedro,
y albañiles y carpinteros, para que
le edificasen una casa.
1Crónicas 14:1

El ministerio pastoral implica entrega y sacrificio. Me consta que muchos pastores que hemos comenzado solteros en el ministerio y son trasladados en varias ocasiones, se les ha hecho cuesta arriba construir casa propia para su familia. En mi caso, mi querido suegro, Anastasio Cabán, nos donó un solar en el cual comenzamos a construir lo que sería nuestra primera casa. Esto sucedió cuando teníamos los niños aún pequeños. Sin embargo, a Irene no le gustaba mucho la idea de vivir donde se había criado y le vendimos el solar y lo que se había construido a uno de nuestros sobrinos.

Cuando fuimos al barrio Piedra Gorda de Camuy compramos un solar en la carretera 119, y comenzamos a trabajar en los cimientos de una casa. Trasladados a Dominguito de Arecibo desistimos de hacer allí nuestra casa y vendimos el solar. Aunque estaba en nosotros la inquietud de hacer nuestra casa, y el tiempo seguía pasando vertiginoso, no hicimos gestión alguna en este tramo de nuestro maratón pastoral. Una de las áreas que me inquietaban era que mi familia tuviese la tranquilidad de un lugar propio si en algún momento yo no estaba.

Cuando fuimos trasladados al barrio Quebrada seguíamos con la misma inquietud y vimos algunos solares, etc. Más tarde llegó a nuestra congregación el hermano Salvador De león y su esposa Ellie. Hicimos una hermosa amistad con este matrimonio que había comprado una finca en el Sector Las Campanas, colindancia entre Lares y Camuy. Tiempo más tarde el hermano Salvador segregó cinco solares a su finca y el buen hermano nos regaló un solar de los segregados. No había vendido aún ninguno de los solares, cuando nos invitó a que escogiéramos el que más nos agradara. Esas son las bendiciones que nuestro Señor da a los que le aman.

Llegados a Camuy, pueblo, no habíamos hecho gestión alguna para construir nuestra casa pues, teníamos el solar de Las Campanas. Sin embargo, un miembro de la congregación nos indicó que había un solar a la venta cerca de donde él vivía. Aunque no estábamos buscando solares fuimos a ver el sitio; ¡y nos agradó el lugar! Nos dimos a la tarea de hacer las gestiones, contactar los dueños, etc. Hechas las gestiones necesarias, compramos el solar financiado por una cooperativa. Señor, ¡gracias por tus grandes misericordias y tu bondad!

Diez años después, tras cancelar la deuda del solar, comenzamos a hacer los trámites para la construcción de nuestra casa. Hicimos un contrato con una compañía de venta de casas, a través de una ferretería cercana, la que nos supliría por un precio previamente acordado y financiado por una cooperativa los materiales de la construcción. En adelante, muchos me advertían sobre el momento de comenzar a construir afirmando que no era un buen momento; a lo que yo le contestaba que no tenía otro momento.

Contactamos el carpintero que dirigiría la construcción y él nos recomendó un ayudante, al cual contactamos y aceptó. Lo que pasó de ahí en adelante es un milagro tras otro. Algunos hermanos de la congregación me dieron la mano desde el comienzo: un hermano nos trajo una paila de clavos de acero, eso desató una hemorragia de milagros de todo tipo. La ayuda más necesaria, que era la mano de obra, llegó en todo momento. Se destacaron algunos hermanos que, en ocasiones, estaban cinco días de la semana: el hermano José Rodríguez, que era el maestro carpintero y corrió con nosotros la milla extra; el hermano David Rosa, que era el albañil principal; el hermano Pepe Rosario, que venía a ayudar, fue el hermano que no cobraba, pero que más nos ayudó desinteresadamente; los hermanos Raúl Rosa e Israel Vales, que hicieron en el piso y las terminaciones un trabajo monumental. No puedo dejar de mencionar al hermano Fermín Rosa que nos ayudó económicamente y en ocasiones traía el desayuno a los que trabajaban. Gracias a cada uno de ellos y a los que no mencionamos, que son muchos, que nos ayudaron un montón. ¡El Señor les multiplique en bendiciones!

11

Preparándonos para el relevo

*"Pero de ninguna cosa hago caso, ni
estimo preciosa mi vida para mí mismo,
con tal que acabe mi carrera con gozo,
y el ministerio que recibí del Señor Jesús,
para dar testimonio del evangelio de la
gracia de Dios."*

Hechos 20:24

Pasaron cerca de quince años en Camuy, pueblo, cuando comenzamos a buscar dirección y consejo sobre el momento oportuno de concluir nuestra tarea activa en el ministerio pastoral. Como he reiterado asumí con mucha pasión la tarea pastoral. Desde que comencé mi matrimonio, Irene y luego mis hijos, me han acompañado en esa carrera intensa. Hablé con esa familia que había pasado conmigo todos los momentos dulces, agridulces o amargos, en esa carrera intensa. Hablamos en múltiples ocasiones y todos estaban de acuerdo en comenzar a prepararnos para el relevo.

Oraba intensamente para que el que me había llamado a cuidar de sus ovejas me dirigiera en esta decisión trascendental. Todo apuntaba a comenzar el proceso de concluir dentro de los próximos dos años, al cumplir los sesenta y siete, mi tarea pastoral activa. En nuestra organización, la edad máxima para acogerse a la jubilación es de setenta años. Conocía compañeros de ministerio que un año o dos después de acogerse a la jubilación eran llamados por el Pastor de los pastores. No quería repetir esa historia; quería darle a mi familia un tiempo de calidad estando en buena salud. ¡Gracias al Padre que me ha dado fuerzas y salud para cuidar con mucha entrega sus ovejas!

Fueron muchos los que me animaban a mantenerme en el ministerio pastoral activo hasta los setenta años, pero el dueño de las ovejas, que es mi brújula y mi consejero, no me había dirigido en esa dirección. Comencé a preparar la congregación y a la vez prepararme junto a mi familia para el relevo pastoral. Comenzamos, en nuestros mensajes de domingo, estudios bíblicos, etc., a orientar la congregación para la transición que ocurriría en el segundo semestre del 2017, cuando cumpliría por la gracia del Señor los sesenta y siete años. ¡El Padre nos ayudó a cumplir a cabalidad esa terea!

Desde el primer tramo de nuestro maratón pastoral adopté una filosofía pastoral de que nunca dejaría sola, sin pastor, una congregación de la que fuese trasladado. En Córdova estuve hasta que se instaló el pastor Ramón Cantor; en Piedra gorda, no me fui hasta que se instaló al pastor Félix Núñez; en Dominguito, hasta que el pastor asignado ya estaba oficialmente; en Quebrada, hasta que era oficial que me sustituiría el pastor Efraín Rosario; y de la misma forma no dejaría Camuy, pueblo, hasta que hubiera un pastor asignado. ¡Las ovejas del Padre no merecen menos!

Los días corrieron vertiginosos, y llegó el tiempo acordado para inicial la transición pastoral. Dialogué con el Obispo Regional y le hice una petición: tomaría un mes de vacaciones para que durante ese periodo de tiempo se trabajara con el pastor que me sustituiría. Cuando regresara de mis vacaciones sería para despedirme de la congregación y hacer los trámites finales de mi estadía pastoral en Camuy, pueblo. Así se hizo: el martes 12 de septiembre del 2017 fue mi despedida oficial de la congregación y el viernes 15 de septiembre se estaba instalando al Rev. Antonio Gerena como pastor oficial de la iglesia. ¡Gracias a Dios por su amor y misericordia!

12

¿Por qué pude llegar?

"Pero por la gracia de Dios soy lo que soy;
y su gracia no ha sido en vano para conmigo,
antes he trabajado más que todos ellos; pero
no yo, sino la gracia de Dios conmigo."
1 Corintios 15:10

Nunca olvido una escena de una serie de televisión de los años ochenta que les gustaba a mis hijos y en algunas ocasiones pude ver con ellos. Se trataba de la serie *Cosas de casa* donde actuaba el jovencito Jaleel Ahmad White que interpretaba el personaje de Steve Urkel. En la escena Steve entraba a la casa de sus vecinos, tropezaba con todo y tratando de hacer equilibrio para no caerse, se agarraba de cortinas, jarrones, sillas et., dejando un verdadero desastre tras él. Luego miraba atrás todo aquel desastre y preguntaba: _ ¿Yo hice eso?

Salvando las debidas distancias entre Steve Urkel y nuestro maratón pastoral, cuando miro hacia atrás y rememoro esos cuarenta y dos años, me pregunto:

¿Por qué pude llegar? Es obvio que por mis fuerzas y conocimiento no fue; entonces tengo que llegar a la obligada conclusión; ¡Fue por su gracia! La presencia poderosa del dueño de las ovejas estuvo con nosotros paso a paso, y no nos soltó de su mano. Con sobrada razón el Apóstol de los gentiles lo expresó así: *"Pero por la gracia de Dios soy lo que soy; ..."* **1 Corintios 15: 10ª**

Cuando fui llamado a cuidar las ovejas de mi Padre no tenía dudas sobre la necesidad continua de su dirección y consejo. Como único alcanzaría la victoria sería dependiendo de su sublime gracia. Comencé la tarea pastoral siendo un joven soltero de veinticinco años. Había escuchado testimonios de poderosos ministerios que naufragaron por motivo de problemas matrimoniales; oraba al Señor que me guiara en esa área tan sensitiva del ministerio. El Padre fue muy misericordioso conmigo; trajo a mi lado a una mujer sencilla, amorosa y dedicada; una verdadera ayuda idónea.

Si tengo que rendir un reconocimiento, un homenaje; si a alguien en esta tierra tengo que rendir mis respetos, es a mi amada y santa esposa Irene. Puedo afirmar desde lo más profundo de mi ser que, después de la gracia divina, a ella le debo haber llegado, haber concluido nuestro maratón pastoral.

Desde que el Señor nos unió, el 17 de diciembre de 1977, ella ha estado ahí, "sobre el taco", siendo, sobre todo, esposa y madre. Cuando me reunía con la Junta Local para organizar el trabajo del año siguiente, en las iglesias que pastoreamos, siempre alguien la proponía para que presidiera una directiva o un comité de trabajo, inmediatamente yo salía en su defensa y afirmaba: _ "Ser la esposa del pastor es suficiente trabajo." Con todo, siempre ayudó como maestra en la Escuela Bíblica, líder de sector, en la adoración y la alabanza, etc.

Las palabras del proverbista tienen sobrada aplicación en mi vida: *"El que halla esposa halla el bien, Y alcanza la benevolencia de Jehová."* - **Proverbios 18:22.** ¡Yo alcancé la benevolencia de Jehová al hallar a Irene! Una de las acciones que más le agradezco a mi santa esposa es que cuando nació nuestro primer hijo ella tomó vacaciones de su trabajo como enfermera y se dedicó a cuidar nuestros hijos. ¡No volvió a trabajar fuera de la casa! Me he sentido y me siento bendecido por tener a mi lado una excelente ayuda idónea. Al escribir estas líneas estamos por cumplir cuarenta y cuatro años de feliz matrimonio y año y medio que estuvimos comprometidos. ¡Dios ha sido bueno, buenísimo!

13

Acogidos a la jubilación

"Jehová es mi pastor; nada me faltará.
² En lugares de delicados pastos me
hará descansar; Junto a aguas de reposo
me pastoreará."

Salmos 231-:2

Unos meses antes de mi jubilación coincidí en un mortuorio con un pastor jubilado; este ya sabía que estaba planificando mi jubilación y me advirtió: _ "Te va a dar depresión." En broma y en serio le contesté: _ "¡Reprendo la depresión en el nombre de Jesús!" Había escuchado comentarios similares, pero no tenía claro a qué se debía la situación. Después de cuarenta y dos años en la tarea pastoral y ver muchos pastores concluir su tarea, no tenía claras las razones por las cuales se deprimían o querían, como algunos, seguir en el ministerio pastoral, aún con su salud en precario.

En una ocasión, estando con mi familia hablando del tema de la jubilación, le hice la siguiente pregunta:

¿Por qué algunos pastores se deprimen o quieren seguir aferrados al ministerio y yo, en cambio, me siento tranquilo y en paz? Mi hijo mayor, Manuel, después de meditar un poco dijo: _ "Creo que algunos pastores no han hecho todo lo que debieron y cuando ven llegar el tiempo de jubilarse quisieran hacer lo que no hicieron y ya no pueden, eso les causa depresión." ¡Palabras con luz!

Si hemos obedecido el llamado a cuidar las ovejas de nuestro Padre y hemos hecho lo que nos correspondía y un poco más, si hemos ido más allá del deber, estaremos tranquilos al final del camino. Obviamente recordamos las palabras del Maestro cuando afirmó en **Lucas 17:10:** *"Así también vosotros, cuando hayáis hecho todo lo que os ha sido ordenado, decid: Siervos inútiles somos, pues lo que debíamos hacer, hicimos."* Ningún pastor se gloriará al final de su jornada de haber hecho todo lo que se le había mandado y menos de haber hecho grandes cosas; hacemos muchas cosas pequeñas para que el Señor sea glorificado haciendo cosas grandes.

Un pastor experimentado, un gran amigo, me dijo en cierta ocasión: _ "No me veo haciendo cosas después que me jubile." Estaba batallando con la idea de la jubilación, pero no lograba ver nada al final del túnel. Hay múltiples tareas que podemos hacer los pastores jubilados. Por mi parte, he estado, en varias ocasiones, atendiendo congregaciones que pasan por una transición pastoral; me he esmerado en preparar esas congregaciones para que reciban con gozo sus nuevos pastores. Soy miembro del Comité Evaluador de Solicitudes de Ingreso al Ministerio (CESIM) de nuestra organización a nivel regional. He estado predicando en múltiples iglesias, lo cual agradezco a mi Señor y a esos pastores que me han dado el privilegio de ser de bendición. Algunos pastores me han dado la confianza, y eso tiene para mí mucho valor, de atender sus congregaciones mientras disfrutan de sus vacaciones. Este que escribo es el segundo libro que ve la luz después de haberme acogido a la jubilación. Y, sobre todo, he compartido mucho más con mi familia en este hermoso tiempo que el Padre me ha dado por su gracia. ¡Se puede disfrutar la jubilación! ¡Si señor!

Uno de los momentos más valorados, y que disfruto al máximo en mi jubilación, es cuando estoy en las tareas cotidianas, como limpiando el patio y los alrededores de nuestra vivienda, sembrando una planta, o preparando un redondel de piedras a un árbol, construyendo una jaula, etc., y veo venir a la jefa con el vaso de jugo de parcha, tomadas de nuestro patio, o la tasita de café con un pedazo de batata asada en el fogón que le construí en el patio trasero a petición suya… ¡Esa merienda sabe a gloria!; ¡ese cuadro merece estar en el Museo del Louvre, vale un millón! ¡Disfrutamos a plenitud el tiempo de nuestra jubilación! ¡Si señor!

PARTE II

Lo que aprendí con las ovejas de mi Padre

1

El pozo es hondo

*"La mujer le dijo: Señor, no tienes
con qué sacarla, y el pozo es hondo."*
Juan 4:11

"To be or not to be" ("Ser o no ser"), fueron las primeras palabras del famoso monólogo que en boca de su personaje Harnlet puso el escritor inglés William Shakespeare en la obra trágica titulada igualmente Hamlet. "Ser o no ser" es un dilema en el cual está la humanidad; es una danza que en la pista de la vida bailamos todos, siempre, o algunas veces. *"El que de vosotros esté sin pecado sea el primero en arrojar la piedra"* **Juan 8:7**

Nos enfrentarnos en el diario vivir con mil y un dilemas que nos dejan como dijo alguien "locos y sin ideas." Tratamos con el aliento divino y la sabiduría que viene de lo alto resolver esos intricados asuntos que muchas veces nos quitan el sueño y otros que nos hacen comer más de lo acostumbrado o de lo que debemos. ¿Quién dice que en la tarea pastoral lo entendemos todo? Por lo menos, yo, no entiendo miles de cosas que me sobrevienen y me asaltan en ese camino que, me ha trazado el maestro al cuidado de sus ovejas. Muchas veces queremos ser conservadores y cuando aplicamos esos principios nos sellan como "enchapados a la antigua"; en otras ocasiones fungimos más liberales y nos dicen que estamos descarriados.

¡Qué hermoso es dedicarse a la oración, al ayuno y la búsqueda de lo espiritual; retirarnos del bullicio y encerrarnos con Dios! Pero nos tildan de monjes, de ermitaños o que no tenemos acceso al pueblo. En otras ocasiones estamos arriba y abajo visitando, en el hospital, llevando al anciano a sacar la tarjeta de salud o a la hermana Pancha a los cupones o al que tiene los "discos malos" al Fondo del Seguro. Entonces, no tenemos mensaje porque, ¿Con qué tiempo se podrá preparar para predicar?" El dilema es tal que muchas veces vivimos en tensiones y ansiedades que, aunque usted no lo crea, también acosan muchas veces al mejor de los pastores en este mundo del Señor.

Nos enfrentamos muchas veces al desafío de dejar de ser nosotros mismos porque: debemos estar vestidos con porte pastoral, no empujar el carro si se nos queda en la carretera, no ir al restaurante de bufé como cualquier hijo de vecino, o no vestir de Clubman para distinguimos. "Ser o no ser: he ahí el dilema."

Quizás alguien que lea diga: _ Nos debemos parecer a Cristo que es nuestro modelo infalible. ¡Bien! ¡Muy bien! Tiene toda la razón del mundo, pero hay gente que se ponen unos espejuelos especiales para no ver a Cristo en ninguna parte. Mire usted: si vestimos corbata y traje oscuro, somos austeros y santurrones; si vestimos zapatos blancos, pantalón blanco y polo, somos unos charlatanes y no tenemos seriedad como conviene a un ministro de Jesucristo. *¡Oh profundidad de las riquezas de la sabiduría y de la ciencia de Dios! ¡Cuán insondables son sus juicios, e inescrutables sus caminos!* **Romanos 11:33** (Cito este verso aquí con el perdón de los exégetas... porque me dirán que está fuera de contexto).

La vida del pastor es un dilema; y aun la vida del creyente en general. Si nos gozamos y reímos, si hacemos fiesta y algarabía, nos volvemos mundanos, si estamos en la casa y no escuchamos radio y no se escucha bullicio somos antisociales. ¡Qué dilema! Aun el mundo nos juzga injustamente y lo soportamos, pero ¡qué triste cuando los nuestros nos escarnecen sin razón! Pero, hermanito, más le hicieron a Cristo! "l know! that" ¡Con el perdón de Cervantes, pero para enfatizarlo). Lo que deseo es que aquellos que leen vean cuán hondo es el pozo donde se encuentra la comprensión que necesitan aquellos que el Señor a puesto como *"espectáculo al mundo"*.

Otro ejemplo clásico del dilema al cual nos enfrentamos es el aplicar las normas disciplinarias. Si entendemos que la conducta de una persona que está a nuestro cuidado pastoral debe ser disciplinada y actuamos enérgicamente, el resultado muchas veces es que somos inmisericordes, no tenemos amor, ni conocemos el valor de un alma; si no disciplinamos con el propósito de orientar y ayudar al caído, entonces: le pasamos la mano al pecado y dejamos que la iglesia haga lo que quiere. ¡Nada! Lo que pasa es que el pozo es hondo y no hay con que sacar el agua; porque como quiera que lo hagamos estamos puestos en estrecho. Si aplicamos las normas y somos fieles a la palabra y celosos mantenedores de lo que hemos aprendido, se va alguna gente que no "soporta" la sana doctrina. Si eso pasa la cosa esta mala, tenemos que evaluar si Dios nos ha llamado al ministerio. Por otro lado si somos un poco elásticos, (porque nosotros también estamos llenos de debilidades) tenemos la iglesia llena pero "no hay calidad", según dicen algunos, o está llena de "gallinas con moña", como dicen otros. ¡Qué dilema, mi hermano!

En fin, me faltaría espacio para escribir más ejemplos. Sigue en mi mente la interrogante de la mujer samaritana cuando Cristo le ofreció agua viva: _ *"¿De dónde, pues tienes el agua viva? No tienes con qué sacarla y el pozo es hondo."* Hay cosas que no tienen explicación lógica; hay animales que no tienen cabeza ni rabo. Tenemos que seguir la tarea pastoral aunque no entendamos muchas cosas. A veces queremos estudiar para ver cómo solucionamos el dilema. Tomamos una maestría o un doctorado y tenemos que exclamar con Goethe "¡Sólo pude aprender que no sé nada y el alma en la contienda está rendida!" No conformes hacemos estudios independientes o nos volvemos autodidactas y averiguamos todo lo que se nos ocurre para concluir con Cervantes "Hay algunos que se cansan de saber y averiguan cosas que, después de sabidas y averiguadas, no importan un ardite al entendimiento ni a la memoria". ¡Qué dilema, madre del alma!

Entonces nos pasamos la santa noche, revolcándonos en la cama tratando de sacar el agua del pozo: ¿Cómo podemos ser lo que debemos? De ninguna manera, le contesto. Porque en la tierra cada quién quiere que seamos como desea y eso es imposible. Usted me dirá: ¿Cómo solucionamos el dilema? Entonces yo, como no puedo contestarle, le pregunto a un jíbaro del campo (si es que quedan) y él me dirá: ¡El pozo ej jondo, jondo, jondo, y no hay con que sacar el agua!

2

Integridad y verdad

"Así que, hermanos, cuando fui a vosotros
para anunciaros el testimonio de Dios, no
fui con excelencia de palabras o de sabiduría.
² Pues me propuse no saber entre vosotros
cosa alguna sino a Jesucristo, y a este crucificado."
1 Corintios 2:1-2

La mayoría de las instituciones humanas nos han fallado, es un hecho que no admite discusión alguna. Las personas que acuden a la iglesia van buscando seguridad, paz y confianza. Pero ¿qué harán si la iglesia también les falla? En ocasiones, los pastores hablamos como si fuésemos infalibles, sin embargo, exageramos las cosas o faltamos realmente a la verdad cuando hablamos con las ovejas y, peor aún, desde el altar. Con el correr de los años he aprendido que las ovejas no quieren un pastor perfecto; quieren uno que esté comprometido con la integridad y la verdad, que esa sea su filosofía de vida.

Si de una cosa se acuerdan las ovejas es cuando su pastor faltó a la verdad, consciente o inconscientemente, no lo olvidan. ¡Cuántas historias de pastores he escuchado! Algunas con una nota de exageración, otras con resentimientos, con coraje y frustración. La congregación espera que su pastor no sea como la hoja del yagrumo, con tonos distintos en cada lado de su vida. Quieren ver una vida elevada en aquel que les pide que eleven sus vidas. No podemos elevar a nadie por encima del nivel en que nos encontramos. Los que guiamos el rebaño debemos tener claro el camino hacia lugares de delicados pastos. Cuando el pastor reconoce sus errores, sus fallas, sus inconsistencias, se crece ante su gente. ¡Mi pastor es humano y no tiene complejo de perfecto!

Una de las tendencias de este tiempo en la vida fácil, instantánea, cómoda. ¡Cuántos rumian los sermones que encuentran en internet! Otros le dan un toque personal al sermón que escucharon aquí o allá; sin el mínimo rubor. Las ovejas también tienen acceso a la internet, pero algunos lo ignoran. Recibir palabra nueva y refrescante es, en ocasiones, doloroso, pero es lo que necesitan las ovejas. El estudio profundo de las Sagradas Palabras es un deber que los pastores no podemos evadir si queremos un pueblo bien alimentado.

He escuchado muchas historias de feligreses frustrados, perdieron la confianza en su pastor. Le hicieron una confesión y el pastor la usó de anécdota en su mensaje del domingo. Siempre acostumbraba a preguntar a los que me ataban a una confesión quién más lo sabía, si lo sabían varias personas, no aceptaba lo de confidencial. ¡Es un arma de doble filo! Si otros lo saben... ¿adivina quién lo divulgó? ¡Y las paga el pastor!

Como ya escribí, estando en el tercer tramo de nuestro maratón pastoral, fui electo por primera vez al cargo de presbítero de nuestra organización. Desde que asumí el cargo, un pastor me abordó para decirme que estaba esperando un traslado. Era insistente, ¡por no decir impertinente! Un tempo después me llamó el Presidente de nuestra organización para tramitar su traslado. Recibí varias llamadas de miembros de la Junta Local de la congregación que dirigía aquel pastor. Cuestionaban el porqué del traslado; decían que el pastor afirmaba que se quería quedar allí y nosotros lo queríamos trasladar. Pedí al pastor que reuniera la Junta Local, era un domingo en la tarde.

La reunión se efectuó en una pequeña oficina donde estábamos literalmente como "sardinas en lata". Escuché con paciencia los lamentos, las quejas y argumentos de aquellos buenos hermanos. En resumen: el pastor se quería quedar allí y la organización no respetaba eso. Después de desahogarse, esperaban mi reacción; el único que estaba visiblemente nervioso era el pastor objeto de aquel cónclave. Dejé que pasaran unos segundos, que parecían horas. _ "Compañero, dije serenamente, tengo que aclararle esta situación a la Junta de esta congregación. Este compañero, dije a renglón seguido, ha estado pidiendo ser trasladado insistentemente, no es que nosotros lo queremos trasladar." ¡Se hizo un silencio sepulcral! Todos quedaron boquiabiertos, su pastor les había mentido sobre su traslado. ¡Qué pena!

El pastor fue trasladado y su credibilidad se hizo añicos. Un ministerio herido de muerte por falta de integridad. Unos años después dejo de ser parte de nuestra organización. La integridad y la verdad son cualidades indispensables en aquellos que son llamados a cuidar las ovejas de mi Padre.

3

Una lección dolorosa

"Igualmente, jóvenes, estad sujetos
a los ancianos; y todos, sumisos unos
a otros, revestíos de humildad; porque:
Dios resiste a los soberbios, Y da gracia
a los humildes."

1 Pedro 5:5

Ser humilde y perdonar son las dos batallas que más seguido enfrentamos los llamados a la tarea pastoral. Sé por experiencia que nuestras batallas son muchas y descomunales. Cuando alcanzamos éxitos en nuestra tarea podemos tener diferentes reacciones: podemos ser agradecidos y darle la gloria al Señor o podemos inflarnos pensando que somos muy buenos en lo que hacemos. ¡Cuántas hazañas hemos hecho! ¡Pero, qué bueno es nuestros Dios que se encarga de bajarnos los humos que se nos han ido a la sesera! ¡Qué historias escuchamos cuando estamos en reuniones pastorales! Muchas veces farfullamos y presumimos de todo lo que hemos hecho en nuestras parroquias. ¡Que Dios nos perdone!

He sufrido un sinnúmero de experiencias en las que me he sentido humillado o percibo que el dueño de las ovejas me está llamando a ser más humilde. Uno de estos momentos fue cuando mi hermano José Colón me estaba presentando a las diferentes personas que venían al lugar de reunión y el padre de unas adolescentes se echó a reír cuando le dijeron que yo era el pastor de la iglesia. ¡Sólo Dios sabe las cosas que se piensan en ese momento!

Cuando comenzamos a hacer las gestiones para adquirir un terreno donde construir nuestro templo en Córdova pasé otro momento muy doloroso para mí. El dueño de la finca donde queríamos comprar el terreno se proponía donarlo a la iglesia; para ello consultó varias personas que me conocían y podían dar fe de mis planes y mi persona. La única persona que le habló negativo de nosotros fue quien había sido mi pastor al salir al pastorado. Aquella noticia me dolió profundamente pues había sido un colaborador de la que había sido mi congregación y mi pastor. Todavía no tengo claras las razones que tuvo mi pastor para ello.

Otro momento que usó el Señor para que no me exaltase fue el accidente donde perdí parte del dedo índice de la mano derecha. Las personas que nos aprecian y han sido marcadas positivamente por nuestro ministerio, en ocasiones, exageran cuando hablan de su pastor. Había escuchado varias personas afirmar que su pastor era el mejor, que era un pastor completo, que no descuidaba ninguna área de la tarea pastoral. Ahora, después del accidente, literalmente ya no era un pastor completo, ¡me faltaba parte de un dedo!

Hay muchas lecciones dolorosas que se viven cuidando las ovejas del Padre. Dios hace de esas experiencias momentos de aprendizaje y nos recuerda nuestra total dependencia de Él. Los pastores somos personas comunes a los cuales el dueño de las ovejas somete a una dolorosa metamorfosis para transformarnos en pastores de su rebaño. Hay un lado glamoroso en la tarea pastoral, ese es el que muchos ven; sin embargo hay un continuo Getsemaní que la mayoría no ve. Allí en nuestro Getsemaní el dueño de las ovejas nos muele para que toda la gloria sea de Él y sólo de Él.

4

¡Don Alejandro me lo dijo!

"se levantó de la cena, y se quitó
su manto, y tomando una toalla,
se la ciñó."

Juan 13:4

En el primer tramo de nuestro maratón pastoral el
Señor me pasó por el trapiche para sacar de mi lo
mejor. Caminaba arriba y abajo buscando vidas
deshechas para llevarlas al taller del Maestro.
Pensaba en aquel tiempo que debía traer conmigo
la corbata que era característica de los pastores. Las
personas nos recibían en sus casas, en el camino
donde los encontraba, aquí y allá. La mayoría de las
familias que visitábamos eran de extracción humilde,
que no contaban, además, de recursos económicos;
sólo trabajaban en labores agrícolas. En una de esas
rondas de visitas me encontré con Don Alejandro,
un jíbaro curtido por el sol y agobiado por el vicio
del alcohol.

Estaba conversando con una familia cuando pasó por allí Don Alejandro. Yo estaba frente a la casucha de madera y zinc donde vivía una familia numerosa. Algunos en el balcón, otros mirando por una por ventana, manteníamos un diálogo ameno cuando vimos venir al hombre cargando dos racimos de plátanos en una vara, uno en cada extremo y la vara sobre su hombro. Al llegar al lugar, bajó su carga frente a nosotros y comenzó a señalar los racimos mientras componía sus pensamientos para tirarnos el sermón. Estaba visiblemente ebrio; era de los que consumían el producto clandestino que ellos mismos fabricaban. Cuando pudo decir palabra, y señalando reiteradamente los racimos afirmo: _ "Esto no se cosecha con corbata." _ ¡Eso es así, Don Alejandro!, le dije más rápido que ligero. Se quedó un rato hilvanando algún otro discurso, pero no logró hacerlo. Luego, a duras penas, tomó su carga y bajó la cuesta.

Desde aquel día no volví a Los Puertos con corbata, quise hacer caso al discurso de Don Alejandro. Aunque el jíbaro estaba ebrio, quizás no se atrevió decirme aquella verdad estando sobrio, pero tenía razón. Todos los días nuestro Señor nos permite aprender cosas nuevas y para ello usa a quién Él quiere. El Apóstol Pablo lo expresó así: ***"Me he hecho débil a los débiles, para ganar a los débiles;***

a todos me he hecho de todo, para que de todos modos salve a algunos.” **- 1 Corintios 9:22**

En ocasiones que visité a ciertas personas en la comunidad donde me correspondía ministrar el Señor me daba diversas instrucciones que de momento no entendía, pero obedecía. A veces era dejar la Biblia en el carro, dejar el carro distante a esa casa, quitarme la corbata, etc. El Padre conoce las particularidades de cada persona, familia o comunidad. Nosotros, sus siervos, debemos seguir fielmente las instrucciones con que el Espíritu Santo nos dirige y lo demás lo hará Él. ¡Nuestro Dios todo lo sabe!

5

Hablando con convicción

"Y se decían el uno al otro: ¿No ardía
Nuestro corazón en nosotros, mientras
nos hablaba en el camino, y cuando
nos abría las Escrituras?"

Lucas 24:32

Una de las advertencias más contundentes del Maestro a sus discípulos sobre los religiosos de su tiempo fue: *"En la cátedra de Moisés se sientan los escribas y los fariseos. ³ Así que, todo lo que os digan que guardéis, guardadlo y hacedlo; mas no hagáis conforme a sus obras, porque dicen, y no hacen."* - **Mateo 23: 2-3** Cuando hablamos con propiedad y convicción el pueblo lo sabrá; y si decimos palabras huecas que no creemos, se notará de igual forma. Una de las cualidades del Maestro que lo hacía diferente de aquellos religiosos era que: *"les enseñaba como quien tiene autoridad, y no como los escribas."* – **Marcos 1:22** Las personas más influyentes en todas las áreas del quehacer humano son las que tienen una convicción clara y firme de lo que creen y afirman.

Nuestra fe, nuestros principios bíblicos, nuestros valores bíblicos y morales no pueden estar sujetos al vaivén de las circunstancias. ¡No señor! Conozco ministerios que en una congregación se mostraban ultraconservadores, pero después de un proceso de transición pastoral y aferrarse a otra congregación, se les ve los más liberales y progresistas. ¿Dónde se efectuó el cambio? ¿En qué lugar del camino se atoraron sus convicciones, si realmente las había? En ocasiones, las supuestas convicciones se enredaron en la remuneración económica; o en los beneficios recibidos. ¡Qué barbaridad!

En las congregaciones hay de toda clase de creyentes. El Maestro nos abrió los ojos cuando afirmó: ***"Y éstos son los que fueron sembrados en buena tierra: los que oyen la palabra y la reciben, y dan fruto a treinta, a sesenta, y a ciento por uno."*** - **Marcos 4:20** Los que hemos sido llamados a cuidar de las ovejas de mi Padre nos encontramos con múltiples personalidades y caracteres que intentan afectar nuestras convicciones y principios; el que los tiene pegados con saliva, quedará desprovisto de ellos. ¡Cuántos pastores jubilados lloran sus desvaríos! Actuaron de una manera que no eran ellos; aplicaron normas finitas de las que hoy se arrepienten, no tenían convicciones claras. El que tiene convicciones claras y firmes, el que se ha aferrado a la Escritura Sagrada, al pasar de los años tiene paz, porque vivió y actuó de acuerdo con esas convicciones.

Admiro a la persona que tiene convicciones claras y firmes aunque no esté de acuerdo con la mías; es una persona con convicciones. En cierta ocasión escuche a un pastor testificar que estaba pensando renunciar a su organización por la forma en que esta trabajaba con el cuerpo ministerial, mayormente con relación a los traslados. Sin embargo, un tiempo más tarde lo eligieron a un cargo de prestigio y ahora es un defensor acérrimo de su organización. ¡Imagine usted la razón! Las personas de convicciones claras y firmes están en peligro de extinción.

Para concluir este tema de las convicciones hago la siguiente aclaración: Tener convicciones claras y firmes no se debe confundir con intransigencia, testarudez, intolerancia, y menos con obstinación. Las nefastas cualidades, antes mencionadas, poco tienen que ver con convicciones. Hay personas tercas y testarudas que no tienen convicción alguna. Las personas de convicciones profundas se distinguen por ser ecuánimes, respetuosas y pacificadoras; son cualidades necesarias en los que son llamados a cuidar las ovejas de mi Padre.

6

El reconocimiento

*"Os rogamos, hermanos, que reconozcáis
a los que trabajan entre vosotros, y os
presiden en el Señor, y os amonestan;
¹³y que los tengáis en mucha estima y
amor por causa de su obra. Tened paz
entre vosotros."*
1 Tesalonicenses 5:12-13

Aprendí con las ovejas de mi Padre que siempre debo reconocer a los que trabajan, dar gracias a los que por amor a la obra se entregan y elogiar todo lo que esté bien hecho. Una palabra de estímulo, un "¡Te lo agradezco!", un "¡Qué bien quedó!"; ¡Cuánto beneficio hace! En el libro de Génesis tenemos un principio que, en ocasiones, pasamos por alto. Al final de cada día en que Dios trabajaba en su creación hacía una evaluación de ese trabajo. Si estudiamos el capítulo uno del Génesis vamos a encontrar seis evaluaciones positivas donde se afirma: ***"Y vio Dios que era bueno."*** Además, encontramos en el capítulo dos una evaluación negativa: ***"Y dijo Jehová***

Dios: <u>No es bueno</u> que el hombre esté solo; le haré ayuda idónea para él. **Génesis 2:18** La enseñanza trascendental del Dios todo poderoso es que todo lo que se hace debe tener una evaluación objetiva.

En las congregaciones siempre se está trabajando; el pastor tiene la responsabilidad de evaluar constantemente ese trabajo. Lo que sigue es que si el resultado de la evaluación es positivo debemos ser generosos en los elogios hacia los que hicieron la labor. Si el resultado no ha sido lo que se esperaba, debemos, con amor, indicar las cosas que se deben mejorar. ¡Cuánto anima una palabra de aliento! Hay personas que dejan "el pellejo" en los trabajos de la congregación y nunca se les reconoce. No hace falta regalarle un yate, ni una mansión, ¡no!, a veces con "póngase de pie" y le damos un fuerte aplauso es suficiente para estimular el trabajo en la iglesia.

Hay pastores que nunca son reconocidos, ni elogiados por sus congregaciones; no hay Día del pastor, ni le felicitan en su cumpleaños o aniversario, etc. ¡Nadita de nada! Nunca olvido un acto bondadoso de un hermano muy trabajador y entregado a la obra del Señor en el cuarto tramo de nuestro maratón pastoral. El gobierno había emitido un aviso de tormenta para nuestra isla, había que hacer los arreglos para ese evento atmosférico. Prácticamente todas las iglesias suspendieron los cultos ese domingo en la noche. Sin embargo, le dije a la congregación: _ "si el viento y la lluvia les impide llegar al templo, quédese en casa, pero si puede llegar, hágalo, vamos a celebrar el culto. Esa noche se celebró un culto glorioso sin vientos ni lluvia. Después de concluido el culto el apreciado hermano se me acercó y me dijo: "Usted hizo una decisión muy sabia al dejar en pie el culto de hoy." ¡Aquellas palabras me vinieron mejor que un cheque de mil dólares!

Para que un pastor cultive el reconocimiento a su labor pastoral él debe ser un fervoroso reconocedor del trabajo de sus ovejas. Hay una ley inexorable que hacemos bien en recordar, es la ley de la siembra y la cosecha. No podemos esperar elogios ni reconocimiento de nuestra feligresía si nosotros los pastores no practicamos esa área importante de nuestra tarea. ¡Qué bien se siente la congregación cuando su pastor le dice: _ "¡Qué bellos se ven, los amo!"

Hay una exhortación que le hace el Apóstol Pablo a la iglesia del Señor que acorde con este tema debemos recordar: *"Pagad a todos lo que debéis: al que tributo, tributo; al que impuesto, impuesto; al que respeto, respeto; al que honra, honra."* - **Romanos 13:7** Quizás los pastores no le debamos dinero a la congregación, pero en ocasiones, estamos debiéndole aliento, ánimo, reconocimiento, etc. De igual forma la congregación debe "pagar" a sus pastores la honra, el reconocimiento y el respeto que se merecen. ¡Que el Padre nos ayude a lograrlo!

7

¡Puede que los haya!

"Dejad crecer juntamente lo uno y lo otro
hasta la siega; y al tiempo de la siega yo
diré a los segadores: Recoged primero la
cizaña, y atadla en manojos para quemarla;
pero recoged el trigo en mi granero."
Mateo 13:30

Desde mi niñez, el otro día, escucho un proverbio que afirma: "¡De que los hay, los hay, la cuestión es dar con ellos!" Otro muy conocido y que implica el mismo principio dice: "Hay de todo en la viña del Señor" Tratándose de pastores, hemos sido vilipendiados en todas las épocas; hoy más que nunca. He presenciado los comentarios más inverosímiles con referencia a los pastores. Si un pastor se mueve en una carcacha, lo critican, le va muy mal; si se transporta en un Mercedes-Benz, lo critican, es un buscón, sólo le importa el dinero. A todos los pastores no les ha ido, ni les irá igual en cuanto a las posesiones materiales. Cada pastor es llamado a cuidar las ovejas del Padre y no se le garantiza una vida de lujos, ni de opulencia.

Si me cuestionan si hay buscones en el ministerio pastoral, tengo una clara y contundente respuesta: ¡puede que los haya! Pero, les aseguro que no han sido llamados por el dueño de las ovejas. Los pastores tenemos una familia que cuidar, es nuestra congregación inmediata, y estamos llamados a ser proveedores; el que nos sembró en el redil ha prometido suplirnos. El Apóstol Pablo lo afirma de la siguiente manera: ***"Mi Dios, pues, suplirá todo lo que os falta conforme a sus riquezas en gloria en Cristo Jesús."*** **Filipenses 4:19** Puedo contarles innumerables milagros que he vivido con mi familia donde hemos visto la mano sustentadora del Padre. ¡Dios nunca falla!

Alguna podrida dentro de un saco de papas, ¡puede que la haya! Eso no implica que debemos desechar todas las papas restantes. ¡Cuántos buenos pastores he conocido que han concluido su tarea sin pena ni gloria! Muchos de ellos yacen olvidados en trapos sucios, que ni sus familias los buscan. Cuando un pastor da un resbalón, ¡qué mucho se comenta y se critica!; pero cuando ha sido fiel al que lo llamó y a la organización que le reconoció su llamado, es uno más, pasa al olvido. Nunca olvido un anciano pastor que fuimos a invitar para que viniera a la reinauguración del templo en el segundo tramo de nuestro maratón pastoral. Dimos con él en una casucha de madera y zinc en un rincón apartado de un pueblo de nuestra isla. Cuando inquirimos sobre su situación nos narró sus peripecias: tenía un envase cerca de su cama para hacer sus necesidades en la noche ya que su casita no tenía baño arriba, sólo una letrina detrás de la casa. ¡Vivía sólo y solitario! Nadie se acordaba de aquel pastor que entregó su vida al ministerio.

Hay pastores que enfatizaron más su ministerio que su familia. ¿Qué interpretaron mal? ¿Quién los orientó para abrazar esa filosofía? ¡Debieron poner a su familia primero! Hoy la familia está lejos y rebelde y el anciano está allí tirado, rumiando sus achaques y sus penas porque no tiene a nadie que lo procure. ¡Un día se nos pedirá cuentas!

8

Hay líderes y hay líderes

"Fueron una vez los árboles a elegir
rey sobre sí, y dijeron al olivo: Reina
sobre nosotros."

Jueces 9:8

Son múltiples las teorías sobre liderazgo; yo no voy a abogar por ninguna; sólo estoy enfatizando lo que aprendí mientras cuidaba las ovejas de mi Padre. El que es llamado al ministerio pastoral conoce su gente; conoce los líderes que se esfuerzan por ayudar en la obra y los otros, que tienen el ministerio de buscar la mecha y van por ahí con el fósforo en la mano. Se requiere sabiduría del cielo para notar la diferencia entre el uno y el otro. Porque, ¡de que los hay, los hay!

Hay líderes con un celo enfermizo por "su iglesia", que piensan que todo el que llega puede echar a perder la obra. No tienen celos por la iglesia de Jesucristo, le han sacado un fraudulento título de propiedad a esa congregación y ven en cada decisión un riesgo, en cada hermano un peligro y en cada pastor un lobo. Ven en la iglesia un club privado donde ciertas personas no cualifican para ser miembros. Lo más difícil de estos "líderes" es que buscan adeptos en los que padecen la misma enfermedad y hacen un grupo, en ocasiones, muy influyente. Conocí este espécimen en uno de los tramos de nuestro maratón pastoral; el líder tenía contactos en el gobierno y ayudaba a algunos a buscar empleo y como era de esperar eran influenciados por aquel líder.

En una de las congregaciones que el Padre puso a mi cuidado había una líder que tomaba decisiones unilaterales y cuando alguien le cuestionaba decía que el pastor lo había aprobado. El problema no era sólo las decisiones que tomaba, era que las avalaba con la supuesta anuencia del pastor, y en realidad no las había consultado. La líder salió de la congregación con la excusa de que "estaban pasando cosas"; pero la razón verdadera fue que perdió toda autoridad. Para que un líder tenga una autoridad genuina debe estar dispuesto a someterse a la autoridad superior, pero algunos desconocen ese principio.

Si alguien debe saber lidiar con personas es un líder. En una ocasión observé un empleado de una vaquería hacer su trabajo. Salió al llano donde estaban las vacas, se detuvo en un alto donde los animales le podían ver y oír; inmediatamente sacó un potente grito. Todas las vacas comenzaron a caminar en una gran fila hacia el lugar donde serían ordeñadas. ¡Había una excelente comunicación entre el empleado y las vacas! La buena comunicación es la clave para un liderazgo efectivo. A las personas hay que hablarle claro y sencillo; de otra manera no habrá buena comunicación.

Una de las cualidades de un verdadero líder es que sabe atraer a sí a los verdaderos líderes para formar su equipo. Siempre que comenzaba un nuevo tramo en nuestro maratón pastoral tenía especial cuidado con las personas que se esmeraban para darme la bienvenida. Ahí estaban los verdaderos líderes y los que se quedaron molestos con el pastor anterior, siempre los hay. El que comienza con halagos al nuevo pastor y le tira su "agüita" al pastor saliente, ese hará lo mismo cuando haya otra transición. Dichoso el pastor que puede preparar un buen equipo de trabajo y establecer con ellos una comunicación eficaz; esa congregación tendrá un futuro maravilloso.

9

El pastor es el líder

*"Por tanto, mirad por vosotros, y por
todo el rebaño en que el Espíritu Santo
os ha puesto por obispos, para apacentar
la iglesia del Señor, la cual él ganó por su
propia sangre."*

Hechos 20:28

Cuando, comenzando el segundo tramo de nuestro maratón pastoral, encontré que un laico era el líder principal de la congregación, no entré en pánico, al contrario me metí debajo de su ala. El día de nuestra instalación oficial me reuní con la Junta Local después de concluido el culto del domingo en la noche. Cuando llegué a la oficina, después de saludar a la congregación en la salida principal, encontré que el tesorero estaba ubicado en la silla detrás del único escritorio que había; las demás sillas circunvalaban el escritorio. Obviamente, era la costumbre que el pastor se ubicara con los demás miembros de la Junta Local mientras aquel líder estaba en la posición de liderar la reunión. Como soy un jíbaro del campo, pero no tonto, me quedé de pie reusando veladamente ubicarme en las otras sillas. Al cabo de unos segundos el tesorero me dijo: _ "Pastor, si usted quiere, siéntese aquí." ¡Claro que quería! Ni corto, ni perezoso me senté de inmediato en aquella silla. Ese lugar le correspondía al pastor; en adelante siempre llegaba primero a las reuniones para ocupar el lugar que le correspondía al que presidía. En los años que vinieron nadie cuestionó quién debía ubicarse allí.

En un país, si hay presidente, primer ministro, rey, o cualquier otro título; ese es el líder. En Puerto Rico se espera que el gobernador sea el líder; en los pueblos de Puerto Rico, el alcalde es el líder; en una congregación, el pastor es el líder principal. Para ser un pastor efectivo, el que ostenta ese digno ministerio debe ser un líder por naturaleza; de lo contrario está abocado al fracaso. Cuando uno que quiere conducir las ovejas del Padre a lugares de delicados pastos no tiene la capacidad de ser líder, alguien del rebaño se verá obligado a llenar ese vacío; a alguien tienen que seguir las ovejas. En esas circunstancias anómalas es que un laico llega a ser el líder principal de una congregación.

El buen líder orienta, dialoga, motiva, comunica y enseña; además de contar con un buen equipo que le ayude a alcanzar las metas propuestas. He escuchado hombres que gritan en su casa: _ "¡Aquí el hombre soy yo!" Pienso que temen que alguien le esté disputando su lugar, y tienen dudas. Lo mismo puede pasar en la congregación; cuando un pastor grita que allí él es el pastor, es porque ve peligrando su liderazgo. Si un pastor tiene problemas de liderazgo hace bien en tomar cursillos, estudiar libros de la materia, buscar orientación con líderes probados, y sobre todo, pedir al dueño de las ovejas que le imparta sabiduría para cumplir fielmente y con éxito su ministerio. Como afirmé al comenzar este tema, no entraré en controversias sobre teorías sobre liderazgo; si el líder nace o se hace, es harina de otro costal, lo que no admite discusión es que si somos llamados a ser pastores, estamos llamados a estar en posición de liderazgo. ¡El pastor es el líder!

10

La iglesia debe trabajar duro

"Yo planté, Apolos regó; pero el crecimiento lo ha dado Dios."
1 Corintios 3:6

Después de los años que el Padre me permitió estar al cuidado de sus ovejas, y hoy mirar atrás y concluir que tuve un ministerio próspero, puedo afirmar que las congregaciones prósperas son la que trabajan duro. Las ovejas van donde el pastor las conduzca. El mayor incentivo para que una congregación trabaje duro es ver que su pastor lo hace. Hay que motivar la gente por medio de sermones, conferencias, estudios bíblicos, etc.; pero nada como el ejemplo. El pastor no puede decir: ¡Vayan!, debe decir: ¡Vamos! ¡Cuán motivada se siente una congregación cuando ve que su pastor les da el ejemplo de trabajo duro!

Cuando hablamos de trabajar duro no estamos dejando fuera ninguno de los frentes de batalla de la iglesia: el evangelismo, la vida espiritual profunda y disciplinada, la familia, el trabajo social, la educación, las misiones, la administración, etc.

He escuchado ministros que se quejan diciendo: _ "¡En la iglesia de tal lugar trabajé como un buey y no me lo agradecieron!" ¡Trabajamos duro porque para eso nos llamó el Padre! Si esperamos que los hombres recompensen nuestro trabajo pastoral moriremos desilusionados. El mundo está cargado de desigualdades, y las iglesias también; sobre todas las ingratitudes de este mundo y de algunas congregaciones, el pastor debe esperar su recompensa final cuando el Padre le diga: *"Bien, buen siervo y fiel; sobre poco has sido fiel, sobre mucho te pondré; entra en el gozo de tu señor".* - **Mateo 25:23**

En un estudio que estuve leyendo sobre las iglesias prósperas, se afirmaba que si el pastor logra movilizar más del diez por ciento de los miembros de la congregación es una gran victoria. Puedo afirmar que en las iglesias que el Padre me permitió pastorear fueron movilizados mucho más del diez por ciento; las iglesias que se retrancan al trabajo duro es que no tienen un líder motivador que trabaje duro. Otra verdad que aprendí cuidando las ovejas de mi Padre es que hay miembros de la congregación que trabajan más que el pastor, ¡aunque no se les pague!

Hay muchas iglesias que languidecen a punto de morir, esperando un pastor que trabaje duro. No se puede llegar a una congregación en crisis a "sostener el punto"; si aceptamos una iglesia en dificultades debemos llegar a trabajar duro, de lo demás se encarga el dueño de las ovejas. Las iglesias avivadas son las que trabajan duro; las que no han enterrado el talento que se les ha dado. ¡Qué bien me sentía cuando podía ver la congregación inmersa en diversas actividades que engrandecían el reino! Si encuentras una congregación que esté trabajando duro, hay un secreto que de seguro descubriremos: hay allí un pastor trabajando duro.

11

La necesaria estabilidad

"pero no tienen raíz en sí, sino que son
de corta duración, porque cuando viene
la tribulación o la persecución por causa
de la palabra, luego tropiezan."
Marcos 4:17

La inestabilidad es un factor crucial en la vida personal y colectiva. Un gobierno inestable, un matrimonio inestable, una construcción inestable; tienen en común un pronto desmoronamiento. La iglesia no es una excepción, la inestabilidad, sea de los laicos o del ministerio pastoral conduce una congregación a la ruina. La iglesia es el cuerpo de Cristo y al final saldrá victoriosa, sin embargo en las congregaciones locales inciden un sinnúmero de factores humanos que las puede desestabilizar.

A finales de la década de los años noventa nuestra organización nombró una comisión que estudiaría los factores que afectaban negativamente el crecimiento de la iglesia. En el informe rendido a nuestra Asamblea

Anual, del cual aún conservo copia, se estableció que uno de los factores que más afecta negativamente a la congregación es la inestabilidad pastoral; los continuos traslados de los pastores. ¿Qué estabilidad emocional tendrá un niño que la madre le tiene un padrastro cada tres o cuatro años? La congregación que cada tres o cuatro años cambia de pastor será una congregación indefectiblemente inestable.

Una congregación necesita estabilidad pastoral, eso aprendí con las ovejas de mi Padre. Lamentablemente muchos pastores aceptan una congregación pensando en otras. ¡Te casarías con una pareja que está pensando en otra o en otro? Eso es algo anormal, ¿verdad? Nuestra pastoral, en su inmensa mayoría, se ha acomodado a esa filosofía ministerial. Dicho en arroz y habichuelas: _ "Estaré aquí y haré lo que pueda mientras espero un traslado." ¡Las ovejas de mi Padre son las que pagan las consecuencias!

Cuando comencé el tercer tramo de nuestro maratón pastoral, en la misma noche de la ceremonia, al concluir el culto, se me acercó una buena hermanita y me dijo: _ "¡No me encariñaré con usted!" Amablemente y sin mostrar demasiado mi asombro, le cuestioné la razón y me dijo: _ "Es que nos encariñamos con los pastores y luego se van."

Tenía toda la razón del mundo; los pastores inestables les causamos mucho daño a las congregaciones. ¡Cuántas personas hemos visto llorar nuestra partida!

Llevaba cinco años en la iglesia de Camuy, pueblo, cuando un miembro del Comité Ejecutivo Regional de nuestra organización me preguntó cuánto tiempo llevaba en esa congregación. Cuando le dije que llevaba cerca de cinco años en la congregación, afirmó _ "¡Ya estás madurito!" Lo que implicaba, para él, era que tenía tiempo suficiente para ser trasladado. Las congregaciones necesitan estabilidad pastoral. Le exigimos estabilidad a los miembros de las iglesias, pero no les estamos dando el ejemplo. En su libro ***Su iglesia tiene posibilidades reales*** el fallecido pastor Robert Schuller escribió: "Nunca aceptes una congregación si no piensas pasar el resto de tu vida en ella." ¿Qué pastor hoy día se propone practicar ese buen consejo?

He visto que cuando a un pastor le va muy bien en una congregación lo llevan a otra; ¿por qué? Entonces el que recibe esa congregación, muchas veces, se encarga de destruir lo que hizo el pastor anterior. ¿Por qué no se permite que ese pastor lleve esa congregación a una estabilidad progresiva? ¡Porque merece un ascenso por trabajar bien! ¡Qué barbaridad!

12

Cuando dejamos un rebaño

"¿Para qué has descendido acá?
¿y a quién has dejado aquellas
pocas ovejas en el desierto?"
1 Samuel 17:28

Nunca debemos dejar un rebaño porque las circunstancias nos obliguen a ello. En mi paso por el Comité Ejecutivo y el presbiterio de nuestra organización me consta que hay circunstancias únicas que ameritan un traslado, pero no entraré a desenmarañar esa intrincada madeja. Lo que quiero enfatizar a este respecto es que si tenemos que ser trasladados a otro rebaño no dañemos en esa transición el buen trabajo que hayamos hecho en los pasados años. Me consta de propio y personal conocimiento que un buen trabajo en una congregación ha sido tirado por la borda durante una transición pastoral.

Hay congregaciones que han estado varios meses sin un pastor oficial. ¿Por qué tiene que suceder esto? La respuesta, en la mayoría de los casos, la encontramos en el pastor que salió de esa grey. En ocasiones los pastores que salen a otro campo de labor piensan que lo que suceda de la congregación que dejan no es de su incumbencia, es responsabilidad de la organización. ¿Realmente amabas esas ovejas? O, ¿estabas ahí mientras aparecía otro campo que te fuera mejor? En un tema anterior reflexionaba sobre que hay líderes y hay líderes; ahora puedo afirmar que hay pastores y hay pastores. La calidad de un pastor de las ovejas del Padre, en muchas ocasiones, se resalta en las transiciones a otros campos de labor.

Nunca dejes un rebaño hasta que tengas la certeza de que hay un pastor asignado para esas ovejas. Muchas veces hay presiones para que te hagas cargo de tal o cual congregación que está sin pastor; entonces dejas las ovejas que el Padre te había confiado para que pasen por la misma triste experiencia de orfandad. Hay una lección hermosa de responsabilidad y amor que nos enseñó el Maestro: *"Antes de la fiesta de la pascua, sabiendo Jesús que su hora había llegado para que pasase de este mundo al Padre, como había amado a los suyos que estaban en el mundo, los amó hasta el fin."* **Juan 13:1** ¡Los amó hasta el fin! ¿Cómo es que amamos ese rebaño y en un instante no nos incumben? ¡No lo entiendo!

En un mundo inestable, con instituciones inestables, con líderes inestables; ¡algo estable debe sobrevivir! Si la iglesia no tiene estabilidad la responsabilidad recae en los pastores; pero si el pastor es una persona inestable, no nos queda alternativa. Durante la pandemia de Covid-19 muchas personas han dejado de congregarse, lo más probable es que cuando vuelvan, si vuelven, encontraran que tienen un nuevo pastor. Hay pastores estables, conozco algunos, pero hay muchos que ante la menor adversidad salen como alma que lleva... Cristo. La tarea pastoral implica aguantar presión, ser, en algunos casos, vilipendiado y ofendido; son circunstancias normales, gajes del oficio. Si cuando soy presionado, ofendido o mal entendido, salgo corriendo; requiere meditar si estamos en la vocación indicada. Si volviera a nacer, y me dieran la oportunidad, volvería a ser pastor, ¡pero no cometería el error de dividir la carrera en varios tramos!

13

El poder de la Palabra

"Y se admiraban de su doctrina;
porque les enseñaba como quien
tiene autoridad, y no como los
escribas."

Marcos 1:22

La afirmación del escritor bíblico en Hebreos 4:12 es una de las armas más efectivas con la que hace su tarea el que cuida las ovejas del Padre: *""Porque la palabra de Dios es viva y eficaz, y más cortante que toda espada de dos filos; y penetra hasta partir el alma y el espíritu, las coyunturas y los tuétanos, y discierne los pensamientos y las intenciones del corazón.* ¡La Palabra de Dios es poderosa! La predicación es una de las tareas principales y la más evaluada en la tarea pastoral. En nuestra cultura, queramos o no, el día más concurrido en las congregaciones es el domingo. La iglesia espera el mensaje de su pastor, espera un buen mensaje. Lamentablemente algunos pastores enfatizan su modo de administrar las iglesias y no le dan al sermón del domingo el énfasis que este requiere.

La interacción semanal con las ovejas culmina con el mensaje que el pastor quiere llevar a las ovejas en el culto del domingo. El manual de ensamblar correctamente ese edificio, que es la iglesia, es la poderosa Palabra de Dios. El pastor debe tener cada domingo una palabra fresca, que edifique, consuele y exhorte. La única forma de establecer una iglesia fuerte y estable es por medio de la Palabra. Habrá tiempo para dar conferencias y estudios de otras materias; el mensaje de la Palabra de Dios es insustituible.

El pastor debe poseer un dominio pleno de las Sagradas Escrituras; las ovejas no merecen menos. Si el domingo el pastor lee un verso y le ofrece a la congregación unas letanías discursando de "la gallina pinta y el gallo bolo"; las ovejas regresaran a casa hambrientas de la genuina Palabra de Dios. Oigo pastores que leen un verso o un pasaje bíblico y arrancan en "fa" a recorrer la Biblia saltando de relato en relato y al final hacen un llamado para el que quiera oración. ¡Todos queremos la oración! Se espera que un llamado sea una reacción directa al mensaje recibido; pero si no hay un mensaje, ¿a qué se va a reaccionar?

Hay un verso trillado que se le recalca a los pastores y se le recuerda aún en la ceremonia de instalación. Lo encontramos en **2 Timoteo 2:15** – *"Procura con diligencia presentarte a Dios aprobado, como obrero que no tiene de qué avergonzarse, que usa bien la palabra de verdad.* Hay sermones que delatan que el que los da no ha sido muy diligente; al contrario, denota la negligencia y falta de preparación del obrero. Un mensaje poderoso dado por una persona llena de unción tiene resultados sorprendentes. Por medio de la Palabra se transforman vidas, y arde el corazón de los oyentes. El testimonio de los discípulos que iban camino a Emaús debe ser el testimonio de las ovejas cada domingo: *"Y se decían el uno al otro: ¿No ardía nuestro corazón en nosotros, mientras nos hablaba en el camino, y cuando nos abría las Escrituras?* – **Lucas 24:32**

Le aseguro que un poderoso mensaje a la congregación cada domingo opacará otras áreas débiles de la tarea pastoral. Si nos pasamos la semana arriba y abajo "trabajando" en las diversas tareas propias de una congregación y le fallamos el domingo en un mensaje al corazón de esas ovejas, de tal manera que arda su corazón, le estaremos haciendo un flaco servicio al reino. Cada pastor se debe esmerar para que cada domingo sus ovejas estén deseosas de esa palabra que ponga alas en sus fatigados corazones.

14

En medio de la tormenta

"Y levantándose, reprendió al viento,
y dijo al mar: Calla, enmudece.
Y cesó el viento, y se hizo grande bonanza."
Marcos 4:39

En toda tarea pastoral hay desiertos y hay oasis; hay guerras y hay paz; hay tormentas y buen tiempo; hay victorias y derrotas; hay elogios y críticas; en fin, es como conducir en una carretera peligrosa, no sabes cuando surgirá un accidente. Por bien marche una congregación, siempre se presentarán situaciones complicadas. En los años que estuve al cuidado de las ovejas de mi Padre estuve en medio de tormentas naturales, emocionales, espirituales y humanas. Doy siempre gracias al Señor que me sostuvo y fue mi escondedero y mi refugio en medio de las tormentas.

Escuchaba a algunos compañeros de ministerio narrar las tempestades que enfrentaban con su Junta Local y hasta con la congregación. Dios fue misericordioso conmigo en gran manera porque nunca tuve situaciones críticas, ni divisiones, en las congregaciones que el Padre puso a mi cuidado. Las tormentas que enfrenté fueron mayormente disipadas por la gracia divina. En toda congregación hay personas resentidas o afectadas personalmente por alguna cosa; eso es parte de la rutina diaria en la viña del Señor. Las dos tormentas más angustiosas fueron alimentadas por la maldita politiquería que embriaga aún a algunos creyentes.

La primera fue en el primer tramo de nuestro maratón pastoral cuando un líder se fue con un grupo de hermanos a un mitin, desacatando las directrices de ir a una congregación hermana a una actividad. Ese grupo fue disciplinado y enfrenté las consecuencias; me dijo uno de los disciplinados que yo era peor que Hitler. A largo plazo fue todo de bendición para la congregación.

En el segundo tramo de nuestro maratón pastoral la tormenta casi llega a huracán; fue también por la politiquería partidista. Llegó al extremo de que un miembro influyente de la congregación ridiculizó a otro desde una tarina en un mitin partidista. Cuando ajusté a las personas envueltas se quejaron con el presbítero, enviaron cartas al Presidente Regional, me amenazaron con radicar un caso ante la justicia, visitaron miembros de la congregación buscando apoyo, etc. Al final los "afectados" acataron sus sanciones y todo volvió a la normalidad por la misericordia del Señor.

En la mayoría de las congregaciones, por no decir en todas, hay personas que tienen el ministerio hacer orar más al pastor. Están buscando siempre cualquier asunto, por pequeño que sea para formar un "marullo" y tan pronto huelen que hay algún hermanito dolido por alguna cosa van a hacerle coro. Una de las estrategias que usaba en todas las congregaciones era que en la primera orientación general al llegar a la congregación les advertía que nadie me trajera chismes, y lo explicaba: si alguien dijo, que fulano dijo, que perencejo había dicho; ¡eso es un chisme no me lo traiga! ¡Me dio resultados sorprendentes!

Puedo dar gracias a mi Señor que me bendijo con un ministerio de paz y me dio sabiduría para trabajar con las situaciones álgidas que surgieron. Algunas personas que fueron un dolor de cabeza para pastores anteriores fueron de una ayuda extraordinaria en nuestro ministerio. ¡Dios es bueno!

15

El secreto de escuchar

"y a cualquiera que te obligue a llevar carga por una milla, ve con él dos."
Mateo 5:41

Vivimos en un mundo cargado de conflictos, ansioso y turbado. Las personas que asisten a la iglesia no sólo buscan a Cristo, vienen buscando tranquilidad, paz y comprensión. En la mayoría de los hogares no hay dialogo, no hay tiempo de escuchar a nadie: el esposo no escucha a su esposa, e igual sucede a la inversa; los padres no escuchan a los hijos, no tienen tiempo, y los hijos no escuchan a los padres, tienen los audífonos puestos. Las personas que asisten a la iglesia tienen la esperanza que allí alguien les pueda escuchar. Los pastores, por la naturaleza misma del ministerio hablamos mucho, y a veces demasiado. Si un arte debe desarrollar el que es llamado a cuidar las ovejas de mi Padre es el arte de escuchar. Me atrevo afirmar que escuchar más que un arte es un don; no todos estamos capacitados para escuchar genuina y atentamente.

He escuchado feligreses que confiesan que su pastor nunca está disponible para escucharles. Otros me han dicho que su pastor está traqueteando con su teléfono móvil mientras ellos le hablan. Sé de pastores que cuando un feligrés le dice que necesita hablarle lo refieren a algún otro laico. Vuelvo a afirmar que una de las áreas que los pastores tenemos que cultivar es aprender a escuchar nuestra gente. Si el pastor no los escucha, ¿quién lo hará? En ocasiones, el pastor es la única alternativa que les queda. En la mayoría de los casos, fue mi experiencia, no tenemos que dar orientaciones, ni alternativas, ni referidos, sólo hay que escuchar. ¡Cuántas personas me dieron las gracias y me dijeron qué bien se sentían; sencillamente por haberlos escuchado!

Nunca pase su oficina a la entrada del templo o al pasillo principal; las personas necesitan privacidad. La oficina pastoral debe ser un lugar cómodo, atractivo y bien iluminado. Acostumbraba a reunir los nuevos convertidos en la oficina pastoral para ser discipulados, para que en adelante no tuviesen reparos en venir a hablar conmigo a aquel lugar. En uno de los tramos de nuestro maratón pastoral pregunté por qué la oficina pastoral estaba un tanto descuidada en su aspecto; la respuesta fue que el pastor anterior "casi no la usaba".

Si deseo que los feligreses me presten muy buena atención cuando les entrego el mensaje de la Palabra del Señor, debo enseñarles con mi ejemplo siendo un pastor sinceramente atento. Recalco lo *de, **sinceramente atento,*** porque las personas normalmente nos damos cuenta cuando alguien nos está escuchando "de lejos". Si estamos ojeando la Biblia, un libro, una revista, o el teléfono móvil; la persona sabe que no estamos atentos. Tengo un recuerdo agridulce de un amigo pastor que, cuando estábamos hablando, él estaba pendiente a todo el que pasaba para saludarlo; me sentía fatal cuando hablaba con él. La gente quiere y necesita ser escuchada con atención, y el pastor es la persona llamada a ello.

16

El pastor y los niños

"Pero Jesús dijo: Dejad a los niños
venir a mí, y no se lo impidáis;
porque de los tales es el reino de los cielos."
Mateo 19:14

Siempre he tenido especial cuidado con la niñez de la congregación; son joyas preciosas y delicadas. Cuando dejé la congregación del barrio Quebrada de Camuy me sucedió algo hermoso, pero, a su vez triste. Recibimos la llamada de una buena hermana de esa iglesia que nos relató lo que le sucedía a su niño; había estado llorando por la partida del pastor. La madre trató de ayudar a su niño y le preguntó la razón de lamentar tanto nuestra partida, a lo que el niño le dijo: _ "Es que el pastor era mi amigo." Acostumbraba a recibir los fieles en la entrada principal de nuestro templo; cuando recibía aquel niño, acostumbraba decile: _" ¿Cómo estás, amigo?" ¡Es obvio que aquel niño apreciaba que yo le dijera que era su amigo!

¡Los niños cuentan! Uno de los cuidados que siempre tuve al organizar la congregación para el trabajo del año era nombrar las personas adecuadas para trabajar especialmente con la niñez. Unos líderes adecuados para trabajar con la niñez son de suma importancia por la naturaleza misma de esa área en nuestra tarea pastoral. Los padres, aún sin ser miembros de la congregación, confían sus hijos al cuidado de la iglesia; esa confianza no se puede afectar en ninguna circunstancia. Envolver la niñez en la dinámica de la congregación es crucial para mantener esa niñez y futura juventud en la iglesia.

He tenido la hermosa experiencia de dedicar un bebé al Señor, verlo crecer, impartirle las clases de discipulado, bautizarlo y verlo desarrollar su ministerio en la congregación. ¡Cuánta satisfacción ver el fruto de velar por la niñez de la iglesia! Muchos de los jóvenes que están muriendo abatidos por las balas del narcotráfico alguna vez fueron parte de la niñez de una congregación. ¿En qué le está fallando la iglesia a la niñez? Debemos reflexionar profundamente si estamos dedicando el tiempo y los recursos adecuados a nuestra niñez. La escuela le ha estado fallando malamente a los niños; ¡la iglesia no puede caminar en esa misma dirección!

Debemos preparar programas y actividades que propendan a la retención de los niños en la iglesia. ¡No basta con orar por ellos! Lamentablemente, aún los hijos de padres creyentes abandonan la iglesia tan pronto pueden. Debemos, deliberada y responsablemente, trabajar con los padres que tienen niños en la congregación para ayudarles y orientarlos en el manejo de las situaciones que afectan esta parte importante de nuestra iglesia y nuestra sociedad. La congregación que no tiene niños como parte integrante de su trabajo debe salir diligentemente a buscarlos.

He escuchado, con diversas variaciones, a jóvenes y adultos decir con nostalgia: _" Cuando yo era un niño mi vecina me llevaba a la iglesia." ¿Por qué no está en la iglesia? Es una pregunta de la que debemos reflexionar y tomar acción. Muchas congregaciones que conozco están compuestas por personas adultas y ancianos; y esas generaciones irán de paso. Tenemos un gigantesco problema en la iglesia de hoy: hemos sido negligentes con nuestros niños; y ese descuido le costará mucho a la iglesia de Jesucristo. Los niños no diezman y tampoco ofrendan, a menos que sus padres los enseñen; ¿será por eso por lo que no nos hemos preocupado lo suficiente por ellos? ¡Dios tenga piedad de nosotros!

17

Cerca de la juventud

"No reprendas al anciano, sino exhórtale
como a padre; a los más jóvenes, como
a hermanos;"
1 Timoteo 5:1

Si hay un recurso invaluable en la iglesia de hoy y de siempre es nuestra juventud. Cuando comencé a cuidar las ovejas de mi Padre, fue con unos niños y adolescentes; algunos de ellos, que ya son padres y madres, están sirviendo en la iglesia. La complejidad de la tarea pastoral nos obliga a hacer un balance con cada departamento de la iglesia. Hay una cifra alarmante de jóvenes que abandonan la iglesia por múltiples razones. Si los jóvenes han pasado su niñez en la iglesia y no se han insertado en los diferentes ministerios de servicio, evangelismo, alabanza y adoración, etc., el mundo les hará un fuerte llamado. El Maestro lo planteó así en **Mateo 6:21** – *"Porque donde esté vuestro tesoro, allí estará también vuestro corazón."*

Tener su corazón comprometido con Jesús y su iglesia es una meta que todo pastor debe anhelar para sus jóvenes. Para ello debe tener un plan específico de actividades espirituales, evangelísticas y sociales, que envuelvan la juventud. Este sistema de cosas que vive lejos de Dios tiene actividades, fiestas y juergas que representan un verdadero reto para la iglesia, especialmente para jóvenes y adolescentes. Hay una triste realidad adicional: muchos padres no tienen un vínculo estrecho con sus hijos y menos con la iglesia; esto hace que los jóvenes tampoco se sientan comprometidos. El pastor debe ser para los jóvenes lo más cercano a un padre; que puedan acudir a él en los momentos que necesiten orientación.

Hay congregaciones que delegan en uno o varios matrimonios el trabajo con la juventud; si la congregación cuenta con esos recursos es algo maravilloso. Sin embargo, a menos que la congregación tenga los recursos necesarios para asignar un pastor de jóvenes, estos jóvenes deben ver en su pastor un recurso confiable para acudir en los momentos de ansiedad. No importando la edad cronológica del pastor debemos llevar un mensaje claro a nuestros jóvenes de que estamos disponibles para escucharlos y estar cerca de ellos en sus momentos difíciles.

Aprendí con las ovejas de mi Padre que los jóvenes, excepto en raros casos, confían en su pastor; a menos que el pastor les haya faltado malamente a esa confianza. El Señor me ayudó en cada tramo de nuestro maratón pastoral a estar cerca de la juventud y obtener su confianza. Los jóvenes no pueden ver en el pastor alguien que está fuera de su alcance o en un nivel superior; deben percibir que somos de carne y hueso igual que ellos. Tuve conocimiento de un pastor al que los jóvenes le enviaban mensajes con los mayores, pues percibían que el pastor era inaccesible. Nunca olvido, siendo yo un joven laico, el gesto de uno de mis pastores. En una ocasión cuando pasaba cerca de mí, hizo un amago, como si me fuera a dar un golpe en el estómago. ¡Wau! ¡Me sentí tan identificado, mejor que si me hubiese dado un abrazo!

El pastor no sólo debe estar cerca de la juventud, los jóvenes lo deben percibir. Esa percepción de ambas partes debe ser la clave para que los jóvenes quieran estar en la iglesia. ¡Que el Señor nos ayude a lograrlo!

18

Ejemplo en todo

"Hermanos, sed imitadores de mí,
y mirad a los que así se conducen
según el ejemplo que tenéis en nosotros."
Filipenses 3:17

Mientras hacía fila para el almuerzo en una de nuestras asambleas regionales, pude observar como algunos compañeros se acercaban a "dialogar" con alguien que estaba cerca del comedor. El dialogo continuaba mientras el compañero se metía en la fila a lo sucusumucu delante del que aceptó la conversación. Automáticamente quedaba "colaito", mientras algunos laicos que venían a la asamblea en calidad de delegados observaban la maniobra. ¡Eso no era gran cosa! Sin embargo meditaba cómo esos pastores podían enseñar disciplina es sus congregaciones dado el mal ejemplo que exhibían acá. Los pastores, consciente o inconscientemente estamos modelando conducta las veinticuatro horas del día.

Cuando Gedeón se enfrentó a los madianitas con sus trescientos escogidos les dio unas instrucciones específicas: *"Y les dijo: Miradme a mí, y haced como hago yo; he aquí que cuando yo llegue al extremo del campamento, haréis vosotros como hago yo."* **Jueces 7:17** De igual forma el Apóstol Pablo escribiendo a las iglesias le hacía un llamado similar. A los corintios les dijo: *"Sed imitadores de mí, así como yo de Cristo."* - **1 Corintios 11:1.** Por otro lado les dijo a los hermanos de Filipos: - *"Hermanos, sed imitadores de mí, y mirad a los que así se conducen según el ejemplo que tenéis en nosotros."* - **Filipenses 3:17** ¿Cuántos pastores nos atreveremos a invitar a nuestros feligreses a imitarnos en todo? ¿Cómo sería la iglesia si todos hicieran como hago yo?

En este punto de ser ejemplo en todo, vuelvo a traer lo de la inestabilidad pastoral que traté en un tema anterior. Muchas veces a los feligreses les cuesta aprender a imitar su pastor porque este no se queda en la congregación el tiempo suficiente para ellos conocer su conducta diaria. Tengo la convicción que una congregación y un pastor necesitan por lo menos cinco años para conocerse bien. El problema es que no todos los pastores están cinco años o más en una misma iglesia; con el consabido resultado de que las congregaciones no tienen un modelo claro para imitar. ¿O será que algunos no quieren que sepan bien cómo es su conducta? ¡Vaya usted a saber!

Vivimos en la era cibernética, lo sé. En ocasiones veo pastores en el altar, julepeando con su teléfono móvil. ¿Será que están enredado en las redes, o buscando el mensaje del domingo? Para colmo, he visto pastores contestando llamadas en el altar. ¿Será ese el mejor ejemplo que podemos dales a las congregaciones o hemos caído víctimas de este loco sistema de cosas? ¿Podemos decirles a las congregaciones: _:" Mírenme a mí y hagan como hago yo? Se espera que seamos ejemplo en todas las áreas de la vida; de lo contrario no estaremos capacitados para cuidar las ovejas de nuestro Padre.

19

En las bodas

*"Al tercer día se hicieron unas bodas en
Caná de Galilea; y estaba allí la madre de
Jesús. ² Y fueron también invitados a las
bodas Jesús y sus discípulos."*
Juan 2:1-2

Una de las ceremonias más trascendentales de todas las que oficia un pastor es la de solemnizar un matrimonio. En este siglo de excesos y contradicciones, cuando las mismas leyes del estado conspiran contra nuestras convicciones y principios bíblicos y morales, celebrar una boda constituye un buen momento para enviar un mensaje contundente acerca de nuestros valores cristianos. No soy muy dado a estar mucho tiempo en las celebraciones o recepciones que se hacen después de las ceremonias nupciales. Sin embargo, cuando solemnizaba un matrimonio me esmeraba en que permeara un ambiente respetuoso y espiritual. Desde el comienzo de la ceremonia hasta el desfile de salida me ocupaba de que todo trascendiera con el orden y la reverencia que se debe en la casa del Señor y que requiere una ceremonia de esa envergadura.

He presenciado ceremonias nupciales donde impera la informalidad y lo jocoso. El celebrante improvisa y hace sus bromas y chistes que le restan solemnidad a ese momento crucial para esa pareja. Siempre acostumbré a darle una orientación prematrimonial a las parejas que casé durante mi ministerio. Si la pareja, fuesen creyentes o no, no estaban dispuestos a recibir la orientación, debían buscar a otra persona que hiciera la ceremonia. Instruía a la pareja en cada paso del matrimonio, tomando como base la misma ceremonia nupcial.

Recuerdo una ceremonia que llevé a cabo en un templo que no era donde yo ejercía la tarea pastoral; en aquella ocasión le había dado la debida orientación a la pareja y explicado paso a paso la ceremonia. Concluido el acto en el templo, una dama que profesaba la fe católica y estuvo atenta a la ceremonia hizo a mi nuera un comentario que me sirvió para reafirmar el propósito de este tema. Dijo aquella dama: _ "En esa ceremonia se sentía la presencia del Señor." Si le damos a una ceremonia de esa envergadura y trascendencia la importancia y la solemnidad que requieren, no sólo la pareja llevará ese buen recuerdo, sino que será de testimonio a otros.

Si el pastor le da a la orientación prematrimonial y a la ceremonia el rigor y el tiempo que requieren es pertinente que tenga un desglose de sus honorarios, si es que no quiere prescindir de ellos. En muchas ocasiones dije a las parejas de creyentes, a los cuales orientaba y luego llevaba a cabo la ceremonia, que mis honorarios serían el regalo para ellos.

Cuando los contrayentes no eran miembros de la congregación o no eran creyentes, pero cumplían con todas las normas y requisitos para celebrar la ceremonia, les explicaba paso a paso los honorarios y les hacía firmar un compromiso de pago en o antes del día de la ceremonia. Obviamente la iglesia incurre en gastos y el pastor de igual forma; más a eso súmele el tiempo de las orientaciones, registrar el matrimonio en el Registro Demográfico y separar el día de la boda que ya no se deben hacer otros compromisos. Es bíblico que el obrero es digno de su salario.

20

Los momentos de luto

"Gozaos con los que se gozan;
llorad con los que lloran."
Romanos 12:15

Un cuidado especial se debe tener cuando, como parte de nuestra tarea pastoral, compartimos momentos de luto con una familia, sea de la congregación o de la comunidad. En muchas ocasiones los pastores somos abordados para que ministremos en momentos de la pérdida de un ser querido por familias de la comunidad que no son miembros de nuestra comunidad de fe. Pienso que tanto en un caso como en el otro debemos tener un cuidado, destreza y un tacto impecable. Un momento de luto puede ser la coyuntura para una familia acercarse a la iglesia y en adelante al Señor.

Presencié un momento embarazoso cuando asistí al mortuorio de la señora madre de una compañera de labores en el Departamento del Trabajo de Puerto Rico. Asistimos al templo donde se llevó a cabo un servicio hermoso y muy emotivo. Cuando concluyó la ceremonia en el camposanto y los empleados de la funeraria se disponían a concluir el proceso de entierro, el pastor, acompañado de otro ministro, se fue retirando de la fosa. Mientras un silencio reverente invadía el área, los pastores se rieron a carcajadas de tal forma que llamaron la atención de todos. Me dije a mi mismo: _ "¡tan bien que iba todo!" Aquel lapsus embarazoso echó a perder la solemnidad de aquellos momentos, tanto para la familia como para todos los les acompañamos. No sabemos de qué rieron aquellos pastores, ese fue el mayor problema, todo quedó a la imaginación de cada uno.

Siempre acostumbraba a ver a la persona encargada de los arreglos funerarios, fuese en el hogar, hospital u otro lugar, tan pronto era informado del deceso. Me ponía a la orden, respetando todos sus deseos, sobre todo. Planificábamos los horarios de cultos y ceremonias, sea en el templo, la capilla de la funeraria o en el camposanto. Otra área de importancia, si era posible, tenía preparado un coro para los cánticos en los diferentes servicios. Contactaba, además, algunos de los músicos de la iglesia para que el servicio fuese lo más impecable posible. En ocasiones me vi cantando, predicando y hasta cargando el féretro, ¡no había otras alternativas!

Cuando no me correspondía ministrar en un mortuorio estaba muy atento a todo lo que se hacía para aprender lo bueno y evitar los errores. Debemos ser sensibles al dolor de los deudos para evitar decir o hacer algo que provoque la exasperación de su dolor. Se debe evitar hablar del cadáver, debemos usar mejor: cuerpo, la casa terrestre, etc. Es de mal gusto usar la palabra tumba, en su lugar debemos hablar del lugar donde descansará el cuerpo, etc. He escuchado a muchos decir que el cuerpo se pudrirá; si es necesario el tema, se debe hablar de la descomposición del cuerpo.

Nunca debemos avivar falsas esperanzas cuando nos corresponda ministrar en un mortuorio de una persona no creyente. ¡Hable a los vivos, predique a su auditorio, y no toque el fallecido! No tenemos la necesidad de emitir juicio alguno sobre los que mueren, a menos que el fallecido sea un fiel creyente y resaltemos la importancia de mantenernos en la fe. Invite a los que no tienen sus cuentas claras con Dios a que se acerquen a Él antes que nos llegue el día de partir.

21

¡Ay, la oficina!

*"Aconteció al año siguiente, en el tiempo
que salen los reyes a la guerra, que David
envió a Joab, y con él a sus siervos y a
todo Israel, y destruyeron a los amonitas,
y sitiaron a Rabá; pero David se quedó
en Jerusalén."*

2 Samuel 11:1

La mayoría de los templos, salvo en raras excepciones, hoy en día cuentan con una oficina pastoral; o una oficina común para la tesorería, secretaría y el pastor. La necesidad de una oficina pastoral se hace cada día más patente debido a la complejidad de la agitada vida de las personas de este tiempo. ¡Siempre habrá alguien que necesita hablar con el pastor! Cuando aún estaba como laico en la iglesia del barrio Cortés de Manatí y era miembro de la Junta Local, las reuniones se llevaban a cabo en la nave principal en días que no se reunía la congregación; pero esos tiempos han cambiado. En el presente, muchos pastores tienen un horario de oficina para atender los diferentes asuntos de su tarea.

Uno de los peligros que enfrenta el pastor en estos tiempos es quedar atrapado en la oficina mientras se lleva a cabo el culto de adoración. La oficina tiene su tiempo y lugar en la apretada agenda de la mayoría de los obreros que cuidan las ovejas de su Padre; pero hay un peligro latente cuando, en horario de cultos la oficina se convierte en el refugio o la celda de muchos pastores. _ "Sé que va para el altar, pero quiero hablarle un minutito, tan sólo un minutito." Es la carnada en la que caemos los pastores, porque somos sensibles a las situaciones de las ovejas. Ese "minutito" se extiende por varios minutos, luego hay otro haciendo turno, y así transcurre el culto y a veces concluye.

Debemos ser muy claros y rigurosos en cuanto a las horas de oficina, de lo contrario será una rutina pasar el culto allí atendiendo "asuntos de emergencia". En las noches, tanto cuando se celebraba el culto del domingo o en la semana, si no quería que me atraparan en la oficina, entraba con la luz apagada, dejaba mi maletín, tomaba mi Biblia y salía. Si había luz en la oficina pastoral era como sonar el timbre de apertura. Alguien llegaría con su minutito de emergencia y ahí quedaba atrapado. En el último tramo de mi maratón pastoral, después de las clases bíblicas, a la que asistía la mayoría de la congregación, estaba en mi oficina hasta que atendía la última persona que quería traer algún asunto a mi consideración.

La congregación quiere ver a su pastor adorando con ellos, nutriendo su vida espiritual, siendo ejemplo. He escuchado tantos pastores excusarse por estar atendiendo asuntos en la oficina que ya la congregación no les cree. He estado como predicador invitado en una congregación y, en ocasiones, el pastor me ha presentado y se retira a su oficina o a la cocina; lo he recibido como un desaire. Me ha sucedido peor: he llegado a una iglesia, me recibió un ujier, me presentó algún líder, y al final sale el pastor a despedir el culto y a decir "lo mucho que se han gozado con mi visita". ¡Mentiras, estaba comiendo alcapurrias en el kiosco de la iglesia!

La oficina pastoral ha venido a llenar un hueco de servicio que por años había sido relegado; sin embargo muchos pastores no han sabido darle el uso digno y correcto. Los que somos llamados a cuidar las ovejas de nuestro Padre tenemos una misión más espiritual que clerical, los asuntos de oficina requieren un tiempo que no debe ser robándole al culto a Dios el tiempo que merece. ¡Debemos dar al Cesar lo que es del Cesar y a Dios lo que es de Dios."

22

En los hogares

*"Aconteció que, yendo de camino,
entró en una aldea; y una mujer
llamada Marta le recibió en su casa."*
Lucas 10:38

¡El único que no evoluciona, ni cambia es Dios! Vivimos en un mundo en constante ebullición, cambiante y retador. Las actividades e iniciativas que la iglesia llevaba a cabo en décadas pasadas se deben examinar a la luz, no sólo de la Palabra de Dios, sino del tiempo actual. Recuerdo los cultos pentecostales que se celebraban en la casa de nuestra familia, les hablo de finales de la década de los años sesenta y principios de los setenta, había personas en cada recoveco de la casa. Concluido el culto, se abrazaban se saludaban y cada uno para su casa. Nadie se fijaba cuántas tablas del piso estaban rotas, si había muebles o bancos rústicos, si el techo estaba ahumado por las lámparas o quinqués, etc. ¡Era otra época!

Para muchas familias de hoy, su casa es su santuario, su escondite, su secreto, su privacidad. Si se proyecta hacer alguna actividad en una casa, con mucha anticipación se debe dialogar con la familia, para ver si es factible o no. Hay familias que se esmeran haciendo literalmente una fiesta cuando hay una actividad en su casa; otros no pueden competir con eso y prefieren evitar que haya alguna actividad en la de ellos. Acostumbraba que cuando alguna familia tenía situaciones difíciles organizar un grupo pequeño de personas para ir a orar con ellos y por ellos; claro está, si la familia consentía.

Nunca olvido una experiencia que vivimos en el primer tramo de nuestro maratón pastoral. Salíamos en la temporada navideña a llevar "matutinos" a diferentes hogares, tanto en la comunidad como fuera de ella. Acordamos ir a visitar un pastor de otra comunidad, obviamente no le habíamos avisado. Cantamos, cantamos y cantamos, al final leímos una porción bíblica y oramos por la familia. Cuando nos disponíamos salir de la casa, el pastor, muy avergonzado, se excusó por no poder brindarnos nada. A renglón seguido la esposa agregó: _ "¡Yo te dije que hiciera compra y no quisiste!" Todos salimos como "ratón en boca de gato", en un silencio sepulcral abordamos los carros y nos fuimos. Lo que pensamos que puede ser una bendición para una familia les puede causar tribulación.

Algunas congregaciones tienen el sistema de grupos pequeños o células y ya cada familia está inmersa en esa dinámica; y los líderes conocen a que hogares ir y dónde establecer las reuniones. Con este fenómeno de la pandemia, que es nuevo para esta generación, las actividades en los hogares tienen una nueva complicación. No se puede discriminar si alguien no se ha vacunado o no se quiere vacunar y la iglesia está llamada a edificar y a ser inclusiva. Ante los nuevos retos del mundo de hoy la iglesia debe evaluar sus actividades en los hogares para no ser causa de más preocupaciones a las ovejas de mi Padre.

23

El entorno comunitario

*"De más estima es el buen nombre
que las muchas riquezas, Y la buena
fama más que la plata y el oro."*
Proverbios 22:1

Cuando comenzaba el segundo tramo de nuestro maratón pastoral preparamos un volante para distribuirlo en la comunidad anunciando la llegada del nuevo pastor y poniéndonos a la orden de todos. Pasados unos días apareció un curioso caballero que había sido alcanzado por aquella promoción. Venía, el hombre, con una libreta en mano repleta de preguntas de esas que son intricadas y controversiales. Después de la debida presentación me dijo que había recibido el volante donde yo me ponía a la orden de la comunidad y venía a hacerme unas preguntas.

Dialogamos largamente, le aclaré las preguntas que pude, en otras le dije que el "pozo era jondo, jondo", y el hombre se fue complacido. En aquella ocasión no me alarmé por las preguntas que pudiera traer aquel pintoresco preguntón, al contrario vi lo que puede hacer un sencillo volante para que el pastor pueda llegar al entorno de su comunidad. Siempre he tratado, en las comunidades donde he servido, de vivir dentro de ese vecindario o cerca de él. En la mayor parte de mi tarea al cuidado de las ovejas de mi Padre viví en la casa pastoral; si la iglesia no contaba con esas facilidades alquilábamos una casa en la misma comunidad.

Si algo entendía que debía hacer cuando llegaba a un nuevo campo de labor era conocer la comunidad y que la comunidad conociera a su pastor. En Córdova había una vecina que no permitía visitas de nadie; un día nos propusimos visitarla. Hablé con un hermano de la congregación y salimos a aquella aventura. Saludamos desde la calle y nadie respondía. Más tarde salió doña Dolores, que así se llamaba la buena señora, de la parte de atrás de la casa y con mucha precaución nos preguntó qué deseábamos. Habíamos dejado las Biblias en el vehículo, así que la señora no podía asociarnos con otros visitantes. Le expliqué que yo era el pastor de la iglesia y estaba conociendo los vecinos de la comunidad.

La señora nos pidió perdón por no haber abierto el portón y vino muy amable y nos invitó a pasar. Ella se ubicó en el balcón y nosotros permanecimos fuera de la casa. Pasaron unos cuantos minutos, nos narró, con lujo de detalles, el gran esfuerzo que había hecho para construir su casita. Como quién vuelve en sí, volvió a disculparse por habernos dejado abajo; nos mandó a entrar, saludamos a su esposo que estaba en un sillón de ruedas; y continuamos escuchando su historia. Cuando nos despedimos nos dijo que éramos bienvenidos cuantas veces quisiéramos visitarla y salimos de la casa habiendo ganado una buena amiga. Cuando Irene dio a luz y ella lo supo; aquella señora católica que no permitía visitas apareció en la casa pastoral con un pollo del país para la recién parida. ¡Qué bueno es el Señor!

Es de suma importancia que la comunidad conozca que el pastor está allí para servirles. Doy gracias al Señor que me ha guiado en las comunidades donde hemos servido para tener muy buenas relaciones con los pastores de otras congregaciones; y aún me ha dado la gracia para tener buena comunicación con el párroco de la iglesia católica. Puedo decir que he hecho una buena amistad con líderes y feligreses de diferentes comunidades de fe. ¡Gracias al Señor por su bondad!

24

La casa pastoral

"Dijo entonces: ¿Qué han visto en tu casa?"
Isaías 39:4

La casa pastoral es un fiel retrato de la iglesia que estamos cuidando. En una ocasión, en medio de unas gestiones para nuestra asamblea anual Regional que era auspiciada por nuestro distrito, visité la casa de un compañero pastor. En la escalera había un reguero de comida, sobras de las que les habían tirado a los perros, que era difícil entrar sin pisarla. En la sala había ropa tirada encima de los asientos, incluyendo unas medias de dama. Mientras esperaba para salir meditaba si lo que observaba allí era el reflejo del trabajo pastoral de esa familia. Aunque estoy sacando de contexto la pregunta del profeta Isaías al rey Ezequías, cabe preguntarle a la familia pastoral: ¿Qué han visto en tu casa?

Puede ser que alguno me juzgue por exagerado, insensible, o sabe Dios qué otras cosas; me atengo a las consecuencias. La casa pastoral, ya sea propiedad de la iglesia, bajo alquiler o propiedad del pastor; debe mantenerse digna de un hijo de un rey. Puede ser sencilla, pequeña, grande, o una mansión; sin embargo, en cualquier circunstancia, debe mantenerse limpia, recogida y ordenada. Siempre he creído que, aunque la casa pastoral sea propiedad de la iglesia, la familia pastoral debe tener su privacidad como cualquier otra familia. Contaba un pastor soltero que los jóvenes de la congregación tomaban su víveres y alimentos en su cocina y refrigerador sin pedir permiso. Pienso que el pastor lo permitió desde el principio o los motivó a hacerlo. Recuerdo, además, que una hermana, hija de pastor, nos decía que su casa estaba continuamente repleta de visitas, que apenas tenían privacidad. ¡Ese trajín de vida no debe ser el de la familia pastoral! La feligresía de las congregaciones debe estar muy consciente de esa verdad.

Como he afirmado en temas anteriores, vivimos gran parte de nuestro maratón pastoral en casas propiedad de la iglesia y bastante cerca del templo. Nunca tuvimos problema alguno de privacidad pues, desde que llegábamos a la iglesia orientaba la congregación al respecto. Recibíamos visitas casuales de feligreses que nos llevaban frutas, viandas u otras bendiciones; sin embargo, cuando de tratar asuntos relacionados con la iglesia o de alguna otra necesidad u orientación, siempre lo atendía en la oficina pastoral. Nunca traía los asuntos o problemas de la iglesia a la casa pastoral, allí estaba mi familia.

Una de las razones por las que tratamos siempre de que Irene no fuera cargada con responsabilidades de presidencias o comités, etc. era porque entendíamos que con atender la casa y la familia pastoral ya era suficiente trabajo. Mis hijos estudiaban y jugaban como otros niños, debían tener su espacio, su tiempo y su privacidad. Proteger su familia es uno de los deberes principales del pastor. Cuando la congregación ya no esté y los feligreses olviden su pastor, porque ya tienen otro, lo único que nos quedan son las arrugas, un poco de cabello, los recuerdos… y la familia. ¡Ese tesoro no se puede echar a perder!

25

¡La familia, ante todo!

"Procura venir pronto a verme, [10] porque
Demas me ha desamparado, amando este
mundo, y se ha ido a Tesalónica. Crescente
fue a Galacia, y Tito a Dalmacia.[11] Sólo Lucas
está conmigo."

2 Timoteo 4:9-11

Se ha dicho que los pastores, aunque tengan una congregación numerosa, son personas solitarias. Mientras estamos sanos, mental y espiritualmente capacitados para atender las ovejas de nuestro Padre, muchas personas nos buscan y se acercan a nosotros. Otra cosa es haber llegado a los setenta enfermos, turulecos, con bastón, sillón de ruedas o en una cama de posiciones. ¿Quién, entonces, está con aquel anciano encamado, que una vez fue joven y capaz? ¡Lo único que queda al final del camino es la familia si supimos amarla, protegerla y estar ahí cuando nos necesitaron!

Como he dicho repetidamente, comencé soltero mi maratón pastoral. Toda mi amada familia: mi santa esposa, mis santos hijos, mis santas nueras, y mis santos nietos fueron llegando según avanzaba la carrera. Desde que los niños comenzaron sus grados preescolares hemos estado ahí para ellos sin excusas. En sus logros, graduaciones, situaciones de alegría o de tristeza nos hemos sentido responsables de todo. Después de mi amor por mi Señor, quien en su misericordia me llamó a cuidar sus ovejas, lo más importante para mí es mi familia. Amé y amaré las ovejas de mi Padre, pero no más que a mi familia.

Confieso que en algunas ocasiones cometí errores, por los cuales he tenido que pedir perdón; y si he olvidado alguno, pido perdón y *"Por tanto me aborrezco, Y me arrepiento en polvo y ceniza."* - **Job 42:6**, porque amamos las ovejas de mi Padre y en ocasiones podían confligir las lealtades. ¡Gracias a Dios que no fueron muchas! En una ocasión, en el segundo tramo de nuestro maratón pastoral, estaba a la mesa cenando con mi familia, me llamaron para que atendiera un asunto y me levanté a toda prisa y dejé allí mi familia y mi cena. ¡Nunca debí haberlo hecho! Aprendí de aquel error y comencé a enmendar esa área de mi vida.

He visto llorar a ancianos pastores, porque por haber relegado su familia a un tercer lugar la historia les ha pasado la factura. Hoy quisieran cambiar sus acciones y recobrar lo que por mucho tiempo le negaron a su familia; ¡pero es tarde! A los pastores que están comenzando y los que aún tienen con ellos sus familias, quiero gritarles desde lo más profundo de mi ser: _ ¡No le roben el tiempo que es de su familia para entregarlo a otros asuntos o menesteres! Al final del camino serán viejos ladrones arrepentidos a los cuales lo que quede de su familia, si queda algo, le recriminará cada segundo de su tortuosa vejez.

Nuestras devociones e intimación con el que nos ha llamado a cuidar sus ovejas es la primera y sagrada prioridad de nuestras vidas; luego está nuestra familia, que como el sacerdote del hogar debemos amar, instruir, suplir y proteger; después, nuestros deberes con las ovejas del Padre. Invertir esas prioridades tiene un costo impagable, que el resto de nuestra vida, que es incierto, no nos dará para restituir. El pasado no es enmendable, el futuro lo podemos trabajar hoy, recuerda que sólo tenemos el ahora, el día presente para trabajar. ¡La familia, ante todo!

26

En la escasez

*"Sé vivir humildemente, y sé tener
abundancia; en todo y por todo estoy
enseñado, así para estar saciado como
para tener hambre, así para tener abundancia
como para padecer necesidad."*
Filipenses 4:12

Los primeros cuatro años de mi tarea pastoral estuve trabajando secularmente a tiempo completo; estaba cuidando las ovejas de mi Padre a tiempo parcial. Es posible hacer las dos casas, pero alguna de ellas no se hará satisfactoriamente. Cuando decidimos dedicarnos a cuidar el rebaño a tiempo completo sabíamos que no estaríamos muy cómodos económicamente. Hay múltiples promesas del Padre sobre el cuidado que Él tiene de sus hijos. Sin embargo, aprendimos a vivir con poco o con más, según el cielo se abría para derramar sobre nosotros sus bendiciones.

En una ocasión el cielo nos dio una lección de prudencia y confianza de una manera insospechada.

Un miembro de la iglesia que trabajaba turnos de noche en una farmacéutica me pidió autorización para comenzar a reunirse con otros hermanos que tenían la misma situación. En ocasiones estos apéndices de las congregaciones traen divisiones y diversos problemas, sin embargo el Señor nos guio a darle la autorización. Unos meses más adelante, me pidieron autorización para tomar ofrendas en las reuniones que había autorizado, el asunto aparentemente complicaba la situación, pero el Señor me dirigió igualmente a darle el visto bueno. Pasado un tiempo, teníamos en la casa pastoral una situación difícil, apenas había los alimentos necesarios; hice lo que hacemos aquellos que hemos sido llamados y confiamos en la providencia divina: orar.

Era la tarde de aquel día, que no recuerdo específicamente la fecha, cuando el líder que dirigía las reuniones en los hogares entró con su vehículo en reversa y se detuvo frente a la casa pastoral. Me llamó y, después de saludarnos, comenzó a sacar de su vehículo una gran cantidad de artículos y alimentos que podían sustentar nuestra familia por unas cuantas semanas. _ "Pastor, ¿se acuerda que le pedimos autorización para recoger ofrendas en las reuniones de los hogares? Pues acordamos traerle esta compra." Agradecí a aquel líder y di gracias al Señor por aquel milagro de provisión. Más adelante los hermanos descontinuaron las reuniones y siguieron integrados en las actividades de la congregación. Muchos meses antes de que mi familia pasara por una real necesidad el Dios que todo lo sabe había comenzado a hacer provisión para aquel momento futuro. ¡Dios es fiel y misericordioso!

Durante nuestra tarea pastoral fueron muchos los milagros de provisión que vivimos. En otra ocasión, también en el primer tramo de nuestro maratón pastoral, la jefa me informa que no había leche para el bebé. Era sábado y se celebraba una actividad del Departamento de Educación cristiana en Florida. Le dije a Irene que iría a esa actividad, aunque tenía la inquietud de la situación en el hogar. Estando en la actividad se me acercó una alumna del Centro Extramuros de Arecibo y me dijo: _ "Pastor desde esta mañana el Señor me ha inquietado a darle una ofrenda, espero no se ofenda." ¡Claro que no me ofendería! Me dio una buena ofrenda con la que pude comprar la leche del bebé y otros artículos necesarios.

El que nos llamó a cuidar de sus ovejas nunca permitió que mi familia pasara un día desprovista de lo necesario. Aunque nuestra fe, en ocasiones, puede tambalearse, pero el dueño de las ovejas estará siempre ahí para proveernos. ¡Dios es bueno!

27

Nuestra relación con los líderes

"Donde no hay dirección sabia, caerá el pueblo; Mas en la multitud de consejeros hay seguridad."
Proverbios 11:14

Uno de los pilares del éxito de una congregación es la armonía, especialmente entre el pastor y los líderes. Se requiere del que ha sido llamado a cuidar las ovejas del Padre que tenga especial cuidado en el nombramiento o nominación de los diferentes líderes de la iglesia. Nuestra organización, como he mencionado en temas anteriores, tiene un sistema representativo, para tomar decisiones y trabajar con la administración de la congregación. Hay una Junta Local de la cual el pastor es el presidente, la cantidad de laicos en esa junta es proporcional a la cantidad de feligreses en la congregación. Lo mínimo en las iglesias de menos de cincuenta miembros son tres laicos: uno hace el trabajo la secretaría, otro el de la tesorería y un tercer laico como vocal.

Mi experiencia ha sido que de esa junta, que puede tener un máximo de doce miembros, depende la marcha de la congregación. En ocasiones, algunos miembros de la Junta Local piensan que su trabajo es fiscalizar al pastor, cuando eso sucede la obra no obtendrá el éxito esperado. Esa precisamente es la importancia de que el pastor tenga sumo cuidado nominando los candidatos que se someterán luego a votación en asamblea local. Doy gracias al señor que me guio en esa tarea en cada uno de los tramos de nuestro maratón pastoral. Tenía acostumbrado, además, que en las reuniones ordinarias de la Junta Local, separábamos unos minutos para participar de unos refrigerios a la mitad de la reunión. En esos minutos compartíamos informalmente y estábamos listos para continuar más relajados los trabajos que faltaban.

La iglesia requiere de líderes de visión, que amen la obra del Señor y que tengan criterio propio y abierto para analizar cada proyecto o propuesta. Cuando menciono criterio propio y abierto implica que el líder no debe estar aferrado a las tradiciones que no tienen base bíblica, pero que tampoco sea un sello de goma del pastor. Si una cualidad se requiera

de un buen líder es que sea discreto y de confiar.
Las personas indiscretas que tienen el ministerio
de "corre ve y dile" no son aptas para dilucidar los
asuntos intrincados, y en ocasiones delicados, que
trabaja la junta.

Las personas que sobresalen como verdaderos
líderes en las congregaciones deben tener una
combinación de cualidades que los hagan dignos de
tan delicada tarea. Líderes hay en muchas causas,
hasta en el bajo mundo, pero los líderes de la iglesia
son personas únicas y especialmente cuando no
tienen aspiraciones de ser pastores. Los líderes de la
congregación requieren ser personas consagradas al
Señor y a su causa. No pueden tener una mente carnal
y pensar que la iglesia se debe administrar como
cualquier otra empresa. La iglesia es administrable,
eso no está en juego, pero hay que trabajarla cómo
lo que verdaderamente es: el cuerpo de Cristo en la
tierra.

No quiero concluir este tema sin mencionar
cierta clase de líder que es apreciado altamente
por los pastores, y que en todas las congregaciones
los hay, me refiero a lo que se ha denominado
líder pro-pastor. Normalmente se le llama así al
líder que está a favor de todo lo que diga o haga el
pastor. Estos líderes gozan del aprecio del pastor,

pero en ocasiones, no son vistos con buenos ojos por la congregación ya que tiende a avalar aún las decisiones desacertadas que toma el pastor. Hay que evaluar bien este tipo de líder ya que nos puede ayudar a cometer errores que pueden ser prevenibles si fuese un líder con criterio propio.

28

Las confidencias

*"El que anda en chismes descubre el
secreto; Mas el de espíritu fiel lo
guarda todo."*
Proverbios 11:13

Una de las cualidades indispensables de un pastor
es que sea discreto y sus ovejas puedan tener
claro que sus confidencias están a salvo con su
guía espiritual. Cuando las ovejas que el Padre ha
puesto a nuestro cuidado pierden la confianza en
su pastor, ese ministerio estará abocado al fracaso.
En un tema anterior afirmé que el pastor debe tener
el don de escuchar su feligresía; pero si escucha las
confidencias y no las puede guardar en su corazón
o si las usa como anécdotas en sus sermones
dominicales, aunque sea en forma anónima, el que
le confió sus asuntos no volverá a confiar en él; se
sentirá traicionado y frustrado.

La mayoría de las personas están cargadas,
ansiosas y desesperadas. Cuando encuentran un

pastor digno de su confianza es como encontrar un oasis en el desierto. Con mucha pena y deferencia a mis compañeros de milicias cristianas afirmo que, algunos pastores están enfermos, y por ende, no capacitados para escuchas confidencias. Si voy a un médico porque tengo una terrible alergia nasal y cuando entro a su consultorio está estornudando y con un paño soplando su nariz, se me hará difícil volver allí. ¡Cuántos han cometido errores garrafales después de escuchar a alguien contarle los problemas que ellos mismos no han podido enfrentar! El siervo del Señor que enfrenta problemas personales agudos se debe tomar una sabática para trabajar con esas situaciones antes de intentar ayudar a otros.

Cuando una oveja venía buscando ayuda y me confiaba alguna información delicada, nunca tomaba notas durante la conversación, si era necesario anotar algún dato lo hacía después de concluido el diálogo. Obviamente, si la persona nos pedía que anotáramos algún número, dirección o cualquier otro dato, eso es harina de otro costal. Otro punto muy importante es tratar de poner el teléfono móvil, si lo tenemos con nosotros, a vibrar o sencillamente apagarlo, si queremos darle todo un ambiente de tranquilidad y privacidad a esa oveja. Tampoco debemos dar la impresión de que tenemos prisa, aunque tengamos pendiente algún otro asunto; cuando le damos audiencia a una persona debemos procurar tener tiempo suficiente para dejar que diga todo lo que siente o desea.

Los pastores que, en ocasiones, sin dar motivos se nos calumnia o se nos critica; debemos ser muy cautos en nuestras horas de oficina y aún en la estructura física del lugar donde atendemos nuestras ovejas. Debemos reunirnos con personas del sexo opuesto en las horas que haya más personal en las facilidades aledañas a la oficina; además debemos procurar que la oficina pastoral tenga algún cristal o acrílico en la puerta o la pared del pasillo para que haya visibilidad desde afuera; eso evitará malentendidos.

Un principio cardinal que debemos tener en cuenta es que con los sermones dominicales no se resuelven problemas personales de nuestras ovejas. Me cuentan algunos compañeros que han dado sermones, inclusive estudios bíblicos para aclarar o explicar interrogantes de alguno que otro feligrés, lamentablemente el día que lo hicieron la persona o personas que querían alcanzar no llegaron. Las interrogantes, situaciones o conflictos personales se atienden personalmente. De igual forma sucede cuando sabemos de un feligrés tiene alguna "torcedura" y queremos arreglarla o curarla con un sermón; le caemos a palos a la congregación y el torcido no estaba.

He aprendido en el trato con las ovejas de mi Padre que después que se le ha dicho un secreto a otra persona, deja de ser secreto. De ahí el cuidado que debemos tener tan pronto alguien nos quiere confiar un supuesto secreto o confidencia; si alguien más conoce el hecho debemos aclararlo al que lo trae, no sea que se divulgue y… la soga siempre parte por lo más finito; ¡la paga el pastor probablemente!

29

¡Mañana se sabrá!

"la obra de cada uno se hará manifiesta;
porque el día la declarará, pues por el
fuego será revelada; y la obra de cada
uno cuál sea, el fuego la probará."
1 Corintios 3:13

En el segundo tramo de nuestro maratón pastoral
invité a predicar a mi buen amigo el pastor Luís
Gonzáles Otero, a quién había conocido en mi primer
tramo de Córdova, ya que él era el pastor de la Iglesia
Defensores de la Fe del Sector Jovales del Barrio
sabana Hoyos de Arecibo. Aquella memorable noche
el pastor González usó el pasaje bíblico de del libro
de Números capítulo 16, donde se relata la rebelión
de Coré. El título de aquel poderoso mensaje fue:
¡Mañana se sabrá! A la congregación de Piedra Gorda
se le quedó grabada aquella frase emblemática.
Había un hermano muy apreciado por todos, que
hizo de aquella frase su saludo y dondequiera que
se le encontraba daba su grito de guerra: ¡Mañana
de sabrá!

Luego de aquella noche, cuando había para algún hermano algo un tanto desconocido, incierto o misterioso, decía: _ "Mañana se sabrá!" Meditando en esa acertada moraleja pienso que, como me advirtió un feligrés de la Iglesia de Dominguito, algunas congregaciones no saben valorar sus pastores; los dejan pasar como si nunca hubiesen estado allí. Lo pastores, en ocasiones somos menospreciados, pasamos por situaciones difíciles, carecemos de cosas básicas y las congregaciones, especialmente la Junta Local que representa la congregación, se hacen los desentendidos; pero si se ha sido injusto con un siervo de Dios... ¡Mañana se sabrá!

Una de las áreas más difíciles de trabajar en la tarea pastoral es la disciplina y corrección de las personas que transgreden nuestros principios bíblicos. En ocasiones, debemos separar un feligrés o un líder de sus funciones ministeriales en la iglesia y muchos le caen a palos al pastor. A personas que exhiben un testimonio desordenado y traen afrenta al evangelio de Jesucristo nos vemos precisados a disciplinar y separar de sus responsabilidades en la comunidad de fe. Entonces, escuchamos el torbellino que ello le causa a algunas personas, mayormente si son familia del disciplinado; sólo Dios y el tiempo nos dará la razón... ¡Mañana se sabrá!

Nunca olvido un hermanito muy polémico, que no me sacaba el guante de la cara, que me hacía orar y velar más de lo acostumbrado; éste llegó al colmo de pedir una audiencia con la Junta Local para cuestionar, según él, por qué razón la junta "me aumentaba el sueldo todos los años". Llegada la reunión el tesorero le informó que no me habían aumentado el sueldo desde que había llegado a esa iglesia. Más tarde le pregunté en privado a un miembro respetable de la junta cuál sería la razón para la que el hermanito estuviera ensañado conmigo y me dijo: _ "Pastor, usted perdóneme, pero ese hermano tiene un espíritu jodón". ¿Por qué algunos miembros de las congregaciones fustigan a sus pastores? ¿Por qué hay personas que se complacen en calumniar y mortificar sus pastores, si estos están ahí para cuidarlos? **¡Mañana se sabrá!**

30

Forjando líderes

"Y les dijo: Miradme a mí, y haced como hago yo; he aquí que cuando yo llegue al extremo del campamento, haréis vosotros como hago yo."

Jueces 7:17

Vi en una ocasión un hermoso reportaje sobre bebes que eran echados al agua y comenzaban a nadar sin nadie haberles enseñado. Lo relacioné con una de las áreas de la tarea pastoral que requieren más cuidado: forjar los líderes que la iglesia necesita para su continua misión. En algunas ocasiones, como cuando comenzamos nuestro maratón pastoral, debemos insertar prospectos en el trabajo de la congregación para que se vayan formando sobre la marcha. Claro que si los dejamos solos, como los bebes del reportaje, algunos pueden irse al fondo o, aún peor, pueden morir en el intento.

Los líderes que se forman bajo nuestro ministerio es natural que imiten nuestra manera de dirigir la congregación; por tal razón es necesario que cuando detectemos algunas fallas en sus tareas, nos examinemos primero, no sea que ese error lo hayan aprendido de nosotros. Corregir un líder en ciernes requiere tacto y sabiduría del cielo, lo mejor será presentarle una manera distinta de trabajar el asunto donde ha tenido problemas, para que se sienta motivado a seguir adelante. Uno de los tropiezos que dan algunos líderes nuevos es que se ven de momento con autoridad y se le suben los humos a la cabeza. Debemos instruir claramente a los que comienzan en el liderazgo de la iglesia hasta dónde llega su autoridad delegada; he aprendido que los líderes que más sujetos están al pastor son los que más autoridad desarrollan en la congregación. Ese es un principio que se encuentra en la Palabra de Dios: **Lucas 7:8 – *"Porque también yo soy hombre puesto <u>bajo autoridad</u>, y tengo soldados bajo mis órdenes; y digo a éste: Ve, y va; y al otro: Ven, y viene; y a mi siervo: Haz esto, y lo hace."***

Cuando un líder que estamos formando adquiere bastante experiencia y vemos que ha desarrollado bastante madurez y disciplina, es productivo que le asignemos un líder en ciernes para que se vaya desarrollando a su cuidado. Un buen líder se mostrará receptivo y motivado a ayudar a formar otros líderes; así podrá mostrar cuánto se ha desarrollado y cuánta madurez ha alcanzado. El que será un buen líder aprende muy rápido a obedecer órdenes, ese es otro rasgo sobresaliente que debemos observar. Cuando impartimos unas instrucciones específicas a un líder y este hace otra cosa o realiza lo asignado de otra manera, debemos examinar si quedó mejor de lo que esperábamos para no amonestarlo con ligereza, más bien, elogiarlo por haberlo hecho muy bien, pero recordarle la importancia de seguir instrucciones.

Hay líderes que alzan vuelo después de haberlos enseñado y ayudado y se toman prerrogativas que no les corresponde. A éstos debemos acercarnos tan pronto se nos informe de la situación para ponerle freno a tiempo. Debemos tener sumo cuidado con las instrucciones impartidas, no sea que hayamos dado cierta autoridad a un líder y después lo olvidemos. En el último tramo de nuestro maratón pastoral y dada la experiencia adquirida cuidando las ovejas de mi Padre, preparamos un *Manual de Deberes y Responsabilidades de los ministerios de la Iglesia*, donde se le daba por escrito a los diferentes líderes sus deberes y responsabilidades, esto evita muchos problemas y malentendidos.

31

"La confianza
mató a su amo"

*"Confía en Jehová, y haz el bien;
Y habitarás en la tierra, y te
apacentarás de la verdad."*
Salmos 37:3

La máxima que sirve de título a este capítulo la escuché en muchas ocasiones de mi señor padre: _ "La confianza mató a su amo", nos repetía cuando hacíamos tratos con alguien o le confiábamos algunos asuntos. Mi querido viejo aplicaba esa doctrina de la confianza para enseñarnos a discernir en quien podíamos o no poner nuestra confianza. En la tarea pastoral esa enseñanza es vital; confiar excesivamente en alguien o depositar asuntos delicados de nuestra vida, familia o interioridades de nuestra tarea, nos puede traer consecuencias nefastas e inesperadas. ¿En qué personas podemos confiar? ¿Con quién compartir asuntos delicados sin el mayor riesgo? ¿Con quién podemos sincerarnos y estar tranquilos?

Son interrogantes que los que somos llamados a cuidar las ovejas de nuestro Padre debemos ponderar cuidadosamente.

Los asuntos sensibles o confidenciales de nuestra vida, hacemos bien en ponerlos en las manos del que nos llamó y esperar su ayuda. Hay asuntos que no debemos compartir en absoluto con otras personas. Hay personas que trabajan en la congregación, que dan su vida por el pastor, que han ganado genuinamente nuestra confianza; ni aún en ellos debemos depositar la inmensa carga de una confidencia. Las interioridades de nuestra vida, por pequeñas o inofensivas nos parezcan, pueden ser una carga insostenible para personas que ya cargan sus propios asuntos intrincados. Cada uno tiene un límite de cuánto peso emocional puede sostener.

Vuelvo a recalcar la urgente necesidad que tenemos los pastores de encontrar un alma bondadosa y discreta, un ser noble que sea capaz de llevar su enorme embalaje y correr con sobrecarga la carrera que le ha sido impuesta. Doy gracias al Señor por la vida de mi hermano, mi amigo, mi compañero de viaje, el pastor Principal de la Iglesia Betania del barrio Bayaney de Hatillo, Puerto Rico; el pastor Juan Alberto Echevarría Laureano. Juan ha sido para mí ese hombro donde he podido llorar, esa alma cargada que lleva sus propios motetes y he tenido el atrevimiento de ponerle encima los míos. Mi hermano comenzó su tarea pastoral unos años antes que yo, ha pasado la zarza y el guayacán, ha sobrevivido a múltiples calvarios y ha tenido, además, su doloroso Getsemaní; sin embargo no ha tenido reparos en compartir los míos. ¡Gracias, Señor, por su vida y su generoso corazón!

Los verdaderos amigos no están por ahí a "montón por chavo", no señor, hay que buscarlos a plena luz del día con una buena linterna. ¡Pero los hay! La gestión de encontrarlos debe ser una prioridad si queremos concluir nuestra carrera con un poco de cordura. El ministro sabe incuestionablemente que su fe y confianza tiene que estar puesta en aquel que nos llamó a cuidar sus ovejas, y tenemos muy claro lo que enseña su Palabra: **Salmos 55:22 – *"Echa sobre Jehová tu carga, y él te sustentará; No dejará para siempre caído al justo.*** Sin embargo, aquí en este valle de sombras y de muerte nos viene muy bien tener una mano amiga que en cualquier situación podamos acudir y descargar nuestras preocupaciones y situaciones intrincadas.

32

¡Más que predicar, enseña!

"Y abriendo su boca les enseñaba, diciendo:"
Mateo 5:2

Si estudiamos el ministerio del Maestro de maestros, y si revisamos los libros del evangelio, llegaremos a la conclusión de que Jesús más que predicar enseñaba. La misma palabra sermón no tiene una buena connotación en nuestra cultura; nos cae pesado cuando alguien nos sermonea. He escuchado más de una vez que una persona increpa a otra diciéndole: _ "¡No vengas a sermonearme! La palabra que usa el escritor bíblico es reveladora, cuando Jesús "abría su boca" era para enseñar: **"Y abriendo su boca les enseñaba, diciendo:"** Mateo 5:2 Cuando proclamamos la Palabra de Dios es para que el pueblo aprenda a acercarse a Dios y obedecerlo. Si formamos un espectáculo y cotorreamos una hora el resultado quizás nunca lo veamos. El mensaje al pueblo debe ser, ante todo, didáctico, practicable, sanador.

Durante el mensaje pastoral los oyentes no pueden preguntar para aclarar la verdad que se ha enseñado; lo que nos obliga exponer una palabra clara, sencilla, entendible. He escuchado una persona cantinflear por más de una hora y luego hace un llamado a pasar al altar. ¿Para qué? ¿Con qué propósito definido se ha hecho un llamado? He escuchado más de una persona regañar la audiencia porque después de un mensaje no han respondido al llamado. ¿Habrán entendido el mensaje, o es que sencillamente no hubo mensaje, sino mero hablar de una cosa u otra? Cuando la enseñanza del mensaje es clara, cuando se ha tenido un propósito definido, cuando se espera una reacción positiva del oyente; entonces ese oyente responderá de una forma u otra.

En cada tramo de nuestro maratón pastoral procuraba separar un día semanal para una reunión de oración y estudio bíblico. En ese periodo, que fluctuaba ente treinta y cuarenta minutos de estudio bíblico, la congregación podía y era estimulada a preguntar para aclarar toda duda. Los que hemos sido llamado a cuidar las ovejas de nuestro Padre no debemos dejar que el pueblo perezca: **Oseas 4:6 - *"Mi pueblo fue destruido, porque le faltó conocimiento."*** Cuando el Apóstol Pablo menciona los diferentes ministerios dados por el Espíritu Santo une el de pastor y maestro y nos dice cuál es el propósito:

Efesios 4:11-12 – *"Y él mismo constituyó a unos, apóstoles; a otros, profetas; a otros, evangelistas; a otros, pastores y maestros, [12] a fin de perfeccionar a los santos para la obra del ministerio, para la edificación del cuerpo de Cristo,"*

Una congregación entendida en la Palabra no se consigue de la noche a la mañana, es un proceso claro y sistemático de un buen maestro ayudado y guiado por el Espíritu Santo. En esta época que hay tantas herejías y tantas enseñanzas diversas que están al alcance de una tecla, el pastor tiene la responsabilidad ineludible de enseñar la sana doctrina de tal manera que su congregación esté satisfecha y estable, sin necesidad de irse a comer de otros manjares. Muchas congregaciones salen cada semana de su reunión dominical hambrientas de verdadero pan del cielo.

Cuando Puerto Rico estaba sumido en una pobreza extrema, más que hoy, había familias que no tenían nada para su cena; entonces, para que los niños no se acostaran sin comer algo, los padres les decían: _ "velen en alguna casa donde salga humo y vayan a ver si les dan algo." Si salía humo de alguna casa era que el fogón estaba encendido, estaban preparando la cena. Hoy tenemos muchos creyentes "velando humo" porque en su iglesia el altar está apagado. El problema de esto es que no sabemos qué ingredientes tienen las cenas ajenas y nuestros "niños" se pueden indigestar. Más que predicar, enseña, y verás los frutos de tu trabajo.

33

¿Y esos viejitos?

*"No reprendas al anciano, sino exhórtale
como a padre; a los más jóvenes, como
a hermanos; ² a las ancianas, como a madres;
a las jovencitas, como a hermanas, con
toda pureza."*

1 Timoteo 5:1-2

¡Qué hermoso es sentarse a escuchar las historias reales o inventadas de nuestros ancianos! Escuché de algunos ancianos repetir las mismas historias y las escuchaba con la misma paciencia e interés que la primera vez. Los ancianos son la parte más relegada de nuestra feligresía; y en ocasiones son los que sostienen económicamente algunas iglesias. En todas las congregaciones tenemos esos viejitos, algunos se pueden valer por sí mismos, otros en sillas de ruedas y algunos encamados, dependiendo totalmente de otros. Muchos de los ancianos, que pacientemente esperan su día, una vez fueron pilares importantes o líderes entregados a la obra del Señor. ¡Lamentablemente algunas iglesias se han olvidado de ellos! Esos viejitos son nuestra responsabilidad hasta el día que sean llamados por el Padre.

Hoy recuerdo que, en el cuarto tramo de nuestro maratón pastoral, acostumbraba a visitar una adorable viejita que me contaba las más increíbles historias, y cuando me iba confiar ciertas partes de su historia me hacía señal con la mano para que le acercara mi oído y hablaba en voz baja para que los que estaban en la casa, si había alguien, no la escuchara. Sólo escuchaba, asentía con la cabeza o verbalmente y después de leer una porción bíblica, hacía una oración, le daba un besito y me despedía. Cuando me disponía a salir me decía: ¡Ay, pastor, qué bien me siento cuando usted viene a verme! ¡Mejor me sentía yo, al saber que había hecho feliz aquella vida con tan sólo escucharle unos momentos!

En esa misma congregación, donde estaba la anciana de la que hice mención anteriormente, había otra graciosa anciana que, por cierto, vivía muy cerca de la anterior, la cual me hacía morir de la risa. Yo le decía la Tía Pina, porque así la llamaba una líder de la iglesia que era su sobrina. Aunque estaba entradita en años se le veía como un fosforito y gozaba de buena salud. Después de dialogar y escuchar sus historias le hacía la invitación para que fuera al templo el próximo domingo; a lo que ella me decía muy compungida: _ "Ay, pastor, el domingo yo voy a estar enferma." Solamente la bendecía en el nombre del Señor y me marchaba riéndome de sus ocurrencias.

¡Esos viejitos me hacían el día! Ellos pensaban que los bendecía con mis visitas; sin embargo, era yo el que me fortalecía y renovaba, era como un bálsamo en medio del trajín de la tarea pastoral.

34

La primera ley del cielo

"Y eran como cinco mil hombres.
Entonces dijo a sus discípulos: Hacedlos
sentar en grupos, de cincuenta en cincuenta.
¹⁵Así lo hicieron, haciéndolos sentar a todos."
Lucas 9:14-15

En algunas ocasiones que he visitado diversas iglesias escucho decir al pastor o coordinador de la actividad: _ "Aquí no tenemos programa, aquí se hace lo que es Espíritu diga." ¡Lo que sigue es un verdadero desastre! Algunos piensan que es contrario al Espíritu Santo hacer una actividad bien organizada y planeada. No se percatan que en el mismo Génesis Dios comenzó a ordenar lo que estaba desordenado. En la Biblia no se encuentra un solo verso que indique que al Señor no le agrade que se planifique y organice lo que se hace para su gloria.

Si estudiamos la historia de Israel, desde la salida de Egipto hasta las deportaciones, encontramos a Jehová dando directrices específicas para que su pueblo hiciese todas las cosas ordenadamente. La travesía por el desierto llevaba un orden de marcha, el pueblo se ordenaba de acuerdo con su tribu, no marchaban cuando ellos querían o cuando "lo sentían en su corazón", no señor, había un orden que debían seguir, así lo relata la Biblia en el libro de **Números capítulo 9:17-23** - *"Cuando se alzaba la nube del tabernáculo, los hijos de Israel partían; y en el lugar donde la nube paraba, allí acampaban los hijos de Israel. [18] Al mandato de Jehová los hijos de Israel partían, y al mandato de Jehová acampaban; todos los días que la nube estaba sobre el tabernáculo, permanecían acampados. [19] Cuando la nube se detenía sobre el tabernáculo muchos días, entonces los hijos de Israel guardaban la ordenanza de Jehová, y no partían. [20] Y cuando la nube estaba sobre el tabernáculo pocos días, al mandato de Jehová acampaban, y al mandato de Jehová partían. [21] Y cuando la nube se detenía desde la tarde hasta la mañana, o cuando a la mañana la nube se levantaba, ellos partían; o si había estado un día, y a la noche la nube se levantaba, entonces partían."*

Una congregación bien organizada y guiada por el Espíritu Santo verá el fruto abundante de su trabajo. De igual manera cada actividad, reunión o culto debe ser bien organizado y tener un orden lógico y adecuado.

En todas las reuniones de la Junta Local siempre hay que preparar una agenda que guie el tiempo que sea de trabajar los distintos asuntos pendientes o nuevos. Acostumbraba, además, entregar por escrito, en la Asamblea Local Anual, toda la organización de la iglesia, de tal manera que nadie tuviese duda a quién acudir en cada situación que surgiera. Aparecía en ese documento: la organización de la Junta Local, la organización de la Escuela Bíblica: entiéndase directiva, maestros, asistentes, etc. Además las directivas de las sociedades, la organización de los distintos comités, los líderes de sectores, diáconos, ujieres, etc.

Cuando la iglesia establece un orden y hay una organización bien definida, la marcha de esa congregación será firme y estable. El pastor es el responsable principal de establecer ese orden y preparar una efectiva organización. El principal ejemplo de orden y disciplina tiene que ser el pastor; eso lo demostrará no sólo en la oficina sino, en su diario vivir, en su casa, en sus prédicas y estudios bíblicos, etc.

35

El hábito, ¿no hace al monje?

"Que los ancianos sean sobrios, serios,
prudentes, sanos en la fe, en el amor,
en la paciencia."

Tito 2:2

Hubo una época, diría que antes de la década de los años setenta, que los pastores no se quitaban la chaqueta ni para ir al sanitario. Según ha corrido el tiempo, ¡y mire usted como ha corrido!, el atuendo del pastor se ha ido modificando. Encontramos a los pastores, con chaquetas o sin ellas; con corbatas o sin corbata, en mahones y polo, en tenis o zapatos de cuero; algunos con sombreros, otros con boinas o gorras, etc. ¿Podemos distinguir un pastor por su vestimenta? Pues, ahí es que entra el refrán: "El hábito no hace al monje." ¿Se acuerdan de Don Alejandro? Prácticamente el borracho me regañó por estar en un sector muy pobre con una corbata puesta.

¿Hay una forma correcta y una impropia de cómo debe vestir un pastor? ¡Vaya usted a saber! Hay, por cierto, otro refrán que afirma: "Caras vemos, corazones no sabemos." Dialogaba el otro día con un joven pastor, de la iglesia donde asiste uno de mis hijos con su familia. Precisamente me decía que en algunos círculos eclesiásticos no era muy bien visto por su jovial y un tanto informal manera de vestir. Cada ministro tiene su filosofía pastoral de acuerdo con sus convicciones y tipo de ministerio. No podemos encajonar a los pastores para que vistan de tal o cual manera; siempre que mantengan su ética y no rayen en lo ridículo o extravagante. Normalmente me ponía la chaqueta en los cultos del domingo o alguna actividad especial. Ahora, después de mi jubilación, sólo cuando me invitan a predicar en otras congregaciones. Durante las actividades de la semana me ponía camisa de manga larga y corbata; ese era mi uniforme, esa era mi filosofía pastoral, y no pretendo imponérsela a nadie.

Hay ceremonias que el pastor debe realizar y que requieren una vestimenta formal; me refiero, por ejemplo, las bodas, los mortuorios, ceremonias de aniversarios de matrimonios, etc. Sería de muy mal gusto que un pastor aparezca con mahones y polo en una boda formal; de igual forma estaría exagerando si aparece con corbata en el día de juegos de la iglesia. El pastor es una figura pública distinta a muchas otras, nosotros representamos al Rey de reyes y Señor de señores y así la sociedad debe percibirnos. Nuestra vestimenta, como ya enfaticé, es un indicio de nuestra filosofía pastoral; por lo tanto debemos ser comedidos, mesurados y prudentes al salir de nuestra casa, teniendo en cuenta la agenda planificada para ese día.

La esposa de pastor, o el esposo de la pastora, es parte integral del ministerio; por esa razón debe ser un complemento afín a la filosofía pastoral de su cónyuge. No es prudente que el matrimonio pastoral vista como "la pareja dispareja"; lo ideal es que concuerden también en esa área de su vida personal. Debemos tomar el buen consejo del Apóstol Pablo a Timoteo y aplicarlo a todas las áreas de nuestra vida: ***"Pero tú sé sobrio en todo... "- 2 Timoteo 4:5** Finalmente, para hacer honor a la verdad, completemos el proverbio y meditemos en él: "El hábito no hace al monje, pero lo distingue".

36

Un adorador

*"Mas yo por la abundancia de tu
misericordia entraré en tu casa;
Adoraré hacia tu santo templo en
tu temor."*

Salmos 5:7

La iglesia se reúne, sobre todo, para adorar. Hay una variedad de actividades que hacen las iglesias en sus reuniones, sin embargo, la adoración es el propósito principal de esa convocación. Aquellos que el Padre ha llamado a cuidar sus ovejas debemos ser ejemplo de un verdadero adorador si anhelamos una iglesia que adore. A lo que un guía espiritual le da un lugar especial en su vida pública y privada será lo que sus feligreses reflejarán. A la hora de la adoración las iglesias esperan que su pastor esté adorando. Puede suceder que en algún culto el pastor tenga alguna situación de emergencia que le obligue retirarse temporeramente del lugar de adoración, pero esa no puede ser la norma.

El otro día vi una foto con una leyenda que me hizo reflexionar sobre la urgencia que tienen las ovejas de ver su pastor adorando. Estaba etiquetada en la página de una muy difundida red social. Aparecía un caballero en la primera fila del santuario, con sus brazos en alto, manos cerradas, entregado en una profunda adoración. Una feligresa le tomó una foto y escribió el siguiente comentario: *"Este caballero de brazos en alto y puños en sus manos en son de guerra y adoración es mi Pastor. Un hombre demasiado valiente para este tiempo. Le doy gracias a Dios por su vida y por pastorearnos y nosotros dejarnos pastorear, pues ahí nace la diferencia. Quieres saber lo que son fuerzas nuevas cada mañana, necesitas palabra de aliento y dirección sin tabú, deberías escucharlo un domingo. Te amamos ... Dios continúe llenándote de sabiduría y salud."*

En el comentario de esa hermanita se deja ver la influencia que ejercen los pastores adoradores a sus ovejas. He omitido el nombre de la feligresa, que por cierto conozco personalmente, y el del pastor, con el que he compartido también. Lo que se escribió en esa red social no fue un montaje, y menos una promoción motivadora; es un retrato real de lo que esperan las ovejas de sus pastores. Los que hemos sido llamados a cuidar las ovejas de nuestro Padre debemos tener la profunda convicción de que el tiempo del culto es para guiar el pueblo a la adoración. ¿Qué ejemplo le damos a nuestras ovejas si en el tiempo de la adoración estamos en la oficina o en alguna otra dependencia del templo?

¿Qué fuerza moral tendrá un pastor para instruir a su congregación a qué adore si él no es el primero en dar el ejemplo? Vuelvo aquí a citar lo que dijo el Maestro de los líderes religiosos de su tiempo: ***"En la cátedra de Moisés se sientan los escribas y los fariseos. ³ Así que, todo lo que os digan que guardéis, guardadlo y hacedlo; mas no hagáis conforme a sus obras, porque dicen, y no hacen. ⁴ Porque atan cargas pesadas y difíciles de llevar, y las ponen sobre los hombros de los hombres; pero ellos ni con un dedo quieren moverlas."*** **Mateo 23:2-4** El pastor debe ser digno ejemplo de un verdadero adorador, ante todo, de lo contrario, en vez de celebrar un culto de adoración, celebrará una simple reunión con gente buena.

PARTE III

¡Los golpes también enseñan!

1

¡Muchos pastores están golpeados!

"Hiere al pastor, y serán
dispersadas las ovejas;"
Zacarías 13:7

¡Cuántos pastores golpeados y muy heridos! ¡Son más de lo que imaginamos! Llevaba poco más de tres años al cuidado de las ovejas de mi Padre cuando, atendiendo un trabajador en el Departamento del Trabajo, donde trabajaba para aquella época, recibí noticias del que había sido el primer pastor de mi familia. Después de indagar sobre su dirección, hablé con Irene y nos propusimos hacerle una visita. Llegamos primero a un taller de ebanistería de su propiedad en el cual trabajaba y después de unos momentos emocionantes por la sorpresa del encuentro, nos invitó para que llegásemos hasta su casa.

¡Aquella conversación estuvo llena de lágrimas y dolor! Estábamos frente a alguien que fue un extraordinario pastor... y cayó en desgracia. Había cometido un grave error que le costó el ministerio; sin embargo, era un ser humano que, si el Padre lo había perdonado, ¿por qué las personas no? Era obvio que estaba muy golpeado y sus heridas no habían sanado. Entre lágrimas nos relataba cómo los que él ayudó a levantar y a encaminar en el ministerio le dieron la espalda. Estaba ante nosotros el triste cuadro de un pastor sumamente golpeado; se había evidenciado en él aquel proverbio que dice: "Del árbol caído todos hacen leña." Cuando salimos de ver el que había sido un extraordinario pastor y haber presenciado el estrago de los golpes recibidos, nos quedamos sin palabras.

¡Cuántos pastores golpeados inmisericordemente! La Biblia enseña que si el pastor es herido las ovejas se dispersan. He visto muchas ovejas dispersas porque vieron como otros golpeaban a su pastor; los que así han procedido darán cuentas al dueño de las ovejas. Muchos pastores han sido olvidados; recibieron múltiples golpes defendiendo las ovejas del Padre, pero su trabajo nunca fue valorado. La mayoría de las variedades de ovejas no tienen cuernos, ¡pero pueden dar fuertes cabezazos! La mayoría de los ovejos tienen cuernos que pueden causar profundas heridas. ¡Cualquier parecido con lo que sucede en algunas congregaciones, es pura coincidencia!

Haciendo honor a la verdad, algunos "pastores" se buscan los golpes. Sin embargo, todas las organizaciones tienen sus reglamentos y sus protocolos para trabajar situaciones intricadas entre pastor y congregación. Todos debemos respetar la dignidad de los demás, no es sólo un principio con base bíblica, es un estatuto de muchas constituciones en el mundo. Tenemos un ejemplo hermoso en los relatos de la relación del rey Saúl con David. La Biblia relata que cuando Saúl entró a una cueva para hacer sus necesidades, David y sus hombres estaba en los rincones de la cueva. Miremos bien el relato: *Y cuando llegó a un redil de ovejas en el camino, donde había una cueva, entró Saúl en ella para cubrir sus pies; y David y sus hombres estaban sentados en los rincones de la cueva. ⁴ Entonces los hombres de David le dijeron: He aquí el día de que te dijo Jehová: He aquí que entrego a tu enemigo en tu mano, y harás con él como te pareciere. Y se levantó David, y calladamente cortó la orilla del manto de Saúl. ⁵ Después de esto se turbó el corazón de David, porque había cortado la orilla del manto de Saúl. ⁶ Y dijo a sus hombres: Jehová me guarde de hacer tal cosa contra mi señor, el ungido de Jehová, que yo extienda mi mano contra él; porque es el ungido de Jehová.* – 1 Samuel 24:3-6

Los que son llamados a cuidar las ovejas del Padre deben ser valorados y respetados. No importa la preparación académica del pastor, ni sus raíces pasadas, todos los llamados por el Padre merecen recibir de las ovejas la honra y la deferencia que merecen. Oramos que sean menos los pastores que mueren sin haber sanado los golpes y las heridas que han recibido.

2

¡Algunos pastores también golpean!

¡Ay de los pastores que destruyen
y dispersan las ovejas de mi rebaño!
dice Jehová!
Jeremías 23:1

Me consta de propio y personal conocimiento que algunos pastores también golpean. Hay personas que han incursionado por su cuenta en la tarea pastoral que tienen el ministerio de dar golpes. Estas personas confunden la ortodoxia con el "marroneo" y continuamente están masacrando las ovejas. En el primer tramo de nuestro maratón pastoral conocí, de lejos, un caballero que tenía una habilidad pasmosa para alcanzar las almas y llevarlas a la iglesia; pero después que los tenía dentro los "marroneaba" de tal manera que casi vaciaba el templo. La palabra de Jehová dada a Jeremías debe ser motivo de reflexión para los llamados a cuidar las ovejas de nuestro Padre:

¡Ay de los pastores que destruyen y dispersan las ovejas de mi rebaño! dice Jehová! - **Jeremías 23:1**

Hay un hermoso y revelador principio en la entrevista que hace el rey Saúl a David cuando éste se ofreció para enfrentar al gigante Goliat. *"Fueron oídas las palabras que David había dicho, y las refirieron delante de Saúl; y él lo hizo venir. ³² Y dijo David a Saúl: No desmaye el corazón de ninguno a causa de él; tu siervo irá y peleará contra este filisteo. ³³ Dijo Saúl a David: No podrás tú ir contra aquel filisteo, para pelear con él; porque tú eres muchacho, y él un hombre de guerra desde su juventud. ³⁴ David respondió a Saúl: <u>Tu siervo era pastor de las ovejas de su padre</u>; y cuando venía un león, o un oso, y tomaba algún cordero de la manada, ³⁵ salía yo tras él, y lo hería, y lo libraba de su boca; y si se levantaba contra mí, yo le echaba mano de la quijada, y lo hería y lo mataba."* – **1 Samuel 17:31-35** (Lo subrayado es mío.) Esa frase que he subrayado en la versión Traducción Lenguaje Actual de la Biblia dice así: *"Yo soy pastor de las ovejas de mi padre."* Como afirmé anteriormente aquí hay un principio que todo pastor debe recordar en todo momento: LAS OVEJAS SON DE NUESTRO PADRE; NO SON NUESTRAS.

Es ya un lenguaje harto aceptado en nuestra cultura pastoral que cuando hablamos de la congregación que el Padre nos ha confiado para que la cuidemos decimos: "mi iglesia". Es lamentable que algunos pastores actúen como si las ovejas realmente fueran de ellos: las maltratan verbal y emocionalmente, las descuidan mientras el lobo las hiere y las mata; sin embargo, a la hora de trasquilarlas y sacarle la leche son las mejores. Muchas personas se acercan a la iglesia como el único lugar de sosiego, paz y refrigerio espiritual; sin embargo, muchas veces lo que reciben es gritería, maltrato y ansiedad. Debemos cuidar las ovejas del Padre con mucho amor y cuidado; no son nuestras.

En un mundo cargado de violencia, de ansiedad y odio; las personas se acercan a la iglesia como su última esperanza, cuando ya lo han intentado todo. El ministerio de la iglesia tiene que ser el de "ponerles alas a sus fatigados corazones". Hay pastores que habían sido golpeados, y maltratados por los pastores que tuvieron cuando eran laicos; y se han convertido en pastores maltratantes. Si estamos enfermos emocional y espiritualmente no estaremos capacitados para cuidar las ovejas del Padre.

3

¡Y… se fue la luz!

"¿Quién podrá entender sus propios errores?
Líbrame de los que me son ocultos."
Salmos 19:12

Cuando recuerdo aquel lamentable incidente donde pedía cuentas a mi naciente congregación sobre un acto de desobediencia; reflexiono que nunca debí hacerlo de la manera que lo hice. Debía disciplinar a los indisciplinados, lo que lamento es la forma un tanto irrespetuosa en que lo hice. Como aquella noche no había energía eléctrica y apenas había unas linternas para remediarnos, tuve el atrevimiento de alumbrar directamente la cara de cada oveja para preguntarle si se había ido para el mitin político. La historia no se puede cambiar, pero debemos recordarla para no cometer los mismos errores. ¡Qué noble fue aquella gente humilde!

En las facilidades de nuestro nuevo templo, que aún no estaba terminado, se fue la luz; pienso que aquella noche triste mi cerebro temporeramente también se quedó sin luz. ¡Perdóname, Padre amado! Aunque fue una novatada, pues apenas llevaba como dos años en la tarea pastoral, no pude prever las posibles consecuencias de mis acciones. Como ya afirmé en un tema anterior, uno de los líderes de la congregación, que era de cascos calientes y de los más cercanos a mí, me increpó y me dijo que yo era peor que Hitler; aparte de ese incidente las sangre no llegó al río. Amaba aquellas ovejas como una madre primeriza a su hijo, por eso me dolió tanto.

De aquel golpe obtuve una gran lección: Debo respetar la dignidad de cada oveja no importando las circunstancias. En aquella amada congregación, aunque no tenía mucho tiempo de comenzada, ya había personas mayores y ancianos a los cuales no estimé en aquel momento. Aquella noche me marcó tan profundamente que siempre que he estado en un templo y falla la energía eléctrica viene a mi mente, como un potente rallo, el día que se fue la luz en Córdova. Continué una muy buena relación con toda la feligresía que estaba esa fatídica noche en aquella reunión, y nunca me recordaron, ni en broma, lo que sucedió en aquella ocasión.

Si estoy recordando todavía aquel incidente en el primer tramo de mi maratón pastoral es porque los golpes también enseñan. Nunca más traté en forma irrespetuosa a alguna congregación, ni a ninguna oveja que el Padre puso a mi cuidado. Aunque el creyente debe aprender a ser disciplinado, cada oveja tiene su forma de ser, cada oveja debe ser respetada, cada oveja tiene su dignidad. ¡Señor, ayúdanos cada día a hacer sabiamente ese balance!

4

El pastor está "a pie"

"Y si alguien os preguntare:
¿Por qué lo desatáis? le
responderéis así: Porque el
Señor lo necesita."

Lucas 19:31

En nuestro Puerto Rico no existe un sistema de transportación masiva como en algunas ciudades del mundo; necesariamente hay que tener un vehículo para moverse de un pueblo a otro y hacer las gestiones personales o familiares. Estuve literalmente sin vehículo para transportarme y cumplir con mis tareas pastorales en dos ocasiones durante nuestro maratón pastoral. La primera vez fue comenzando a cuidar las ovejas de mi Padre; en esa ocasión usé temporeramente un vehículo propiedad de la iglesia. Es muy difícil estar "a pie" cuando nos acostumbramos a la trasportación propia.

La segunda vez que estuve sin vehículo propio fue en el cuarto tramo de nuestro maratón pastoral en la amada iglesia del barrio Quebrada del pueblo de Camuy, Puerto Rico. Había vendido mi vehículo Chevrolet Astro Van, que ya estaba como la mula de Balaam, negándose a avanzar. En ella me había transportado muchos años, pero ya no daba más, un caballero la compró para vender mantecados. Desde entonces, usaba uno de los vehículos de la iglesia para asuntos del ministerio, y aún para emergencias de la familia. Pasaron unos cuantos meses, que parecían años y oraba fervientemente al Señor para que me dirigiera en la búsqueda de un vehículo para hacer la tarea que se me había encomendado. ¡Nuestro Dios en bueno y nunca nos falla!

En el sistema de cosas que vivimos no es fácil para un pastor cumplir con sus múltiples tareas sin un medio de transportación propio. Como ya afirmé anteriormente, estaba orando por un carro específicamente. Me encantaba en vehículo Chevrolet Lúmina y estaba haciendo planes para comprar uno; creo que esto siempre debe ser "a Dios rogando y con el mazo dando" Dado que mi economía no estaba en superávit se me estaba haciendo cuesta arriba comprarme el vehículo por el cual estaba orando. Sabemos que Dios siempre nos escucha y nos responde, sea de manera positiva o que nos diga no.

Como ya expliqué, en el tema 4 de nuestro cuarto tramo **Más allá del deber**, el Señor fue misericordioso para con nosotros y la querida congregación de Quebrada nos dio una extraordinaria sorpresa el Día de Acción de Gracias del año 1998. La iglesia nos tenía, adornado con una gran cinta roja a manera de regalo, un auto Chevrolet Lúmina blanco, tal como le había pedido al Señor. Aquel hermoso y memorable día quedó, no sólo en nuestra mente sino en nuestro corazón, como el día en que una iglesia fue más allá del deber y fue instrumento poderoso en las manos del Padre para proveernos el medio de transportación que necesitábamos.

Hay un dato interesante que sucedía con aquel vehículo que es pertinente recordar. Algunas personas que conocían de mecánica de autos me preguntaban si el carro Lúmina me estaba causando problemas mecánicos, ya que ese modelo en particular había salido con algunos desperfectos de fábrica. Para la sorpresa de ellos les decía que no me había causado problema alguno, al contrario, había sido una maravillosa bendición. El vehículo pasó, más tarde, a mano de uno de mis hijos y nos dio un servicio extraordinario; aquel carro estaba bendecido, fue el producto de un poderoso milagro. ¡Lo que el Señor da es lo mejor!

5

¿Grillos en la iglesia?

"que no os dejéis mover fácilmente de
vuestro modo de pensar, ni os conturbéis,
ni por espíritu, ni por palabra, ni por carta
como si fuera nuestra, en el sentido de que
el día del Señor está cerca."

2 Tesalonicenses 2:2

Fui pastor, en Córdova, de un respetable anciano que le agradaba más ir de pesca que comer. Me invitaba, muy seguido, a pescar en unos caños que hay entre el pueblo de Arecibo y el de Barceloneta por la tranquilidad que había en el lugar. Aquel feligrés conversador, llamado Juan Valentín, tocaba la guitarra y el violín, tenía habilidades musicales; pero su pasión por la pesca era delirante. No podía acompañarle frecuentemente, pero fui un par de veces a compartir un rato su pasatiempo favorito. Salíamos bien de mañana, a petición suya, y estábamos unas cuantas horas disfrutando de la tranquilidad del lugar y conversando en voz baja para que los peces no se alejaran, eso me decía el buen hombre. Escuchábamos el lento murmullo del agua, cuando los peces saltaban, cuando las aves cantaban, y cuando los mosquitos nos zumbaban en los oídos.

Un buen día, de los pocos que pude acompañarlo, que platicábamos sobre la inestabilidad de algunos creyentes; me dijo casi susurrando para que los peces no se huyeran: _ "Pastor, hay creyentes que son como los grillos, se pasan saltando de iglesia en iglesia; los grillos saltan y saltan y el último brinco lo dan en el buche de una gallina." Me reí un rato de la ocurrencia del hermanito, luego medité que había una irrefutable verdad en aquella parábola jíbara. La inestabilidad de muchos creyentes se ha convertido un problema de grandes proporciones. Si no les dan mucha participación, se van a otro lugar que los tengan en cuenta; si alguien los corrige, se van a otro lugar "que haya más amor". Etc.

Hay feligreses que viajan, por largos años, una enorme distancia para ir a "la iglesia de su predilección", pero tan pronto le surge alguna desavenencia se quedan en otra "porque les queda más cerca". Los pastores somos, en gran medida, parte de este problema; recibimos los miembros de otras iglesias sin saber realmente la razón de su movimiento. No le pedimos una carta de su pastor, ni nos comunicamos para saber la razón del "salto". En ocasiones, recibimos en nuestra congregación una persona que ha sido disciplinada y lo integramos en los ministerios de la iglesia sin saber las causas de su proceso disciplinario. ¡En ese particular hay que tener sumo cuidado!

Hay "creyentes" que llegan a una congregación hablando mal de sus pastores anteriores y les reímos las gracias o damos por cierto la historia que nos cuentan. La realidad es que cuando "brinque" de nuestra congregación a otra hará igual con nosotros, nos llevará enredado en su lengua venenosa. Los creyentes que tienen el "ministerio" de desacreditar a sus pastores no se mantienen durante mucho tiempo en una congregación; continúan saltando de sitio en sitio y terminan "en el buche de la gallina."

En cierta ocasión llegó a la congregación un muchacho músico que había sido miembro de varias congregaciones y ministraba con su música. Me senté a dialogar con él y salió a relucir que no había sido bautizado en las aguas; en primera instancia me afirmó que no se acordaba, luego consultó con su papá y resultó que no se había bautizado. Lo matriculamos en el siguiente grupo que fue discipulado para ser bautizado, y fue bautizado en las aguas. En esos días estábamos organizando la congregación para el trabajo del año próximo y cuando se enteró que habíamos nombrado otra persona para dirigir el ministerio de adoración y alabanza se fue de la congregación. Esos son los casos con los que nos encontramos los pastores continuamente y, en ocasiones, accedemos a sus presiones y a la menor intrincada situación, se van… ¡y siguen saltando!

6

El pastor siempre los sabrá

"Ni aun en tu pensamiento digas mal del rey,
ni en lo secreto de tu cámara digas mal del
rico; porque las aves del cielo llevarán la voz,
y las que tienen alas harán saber la palabra."
Eclesiastés 10:20

El Padre, el que nos ha llamado para que cuidemos sus ovejas, todo lo sabe, todo lo ve; sin embargo, los pastores de su rebaño no somos omniscientes, ni poseemos los atributos no relacionados o incomunicables de Dios. Estamos en este santo ministerio como afirma el salmista en **Salmos 44:22** - *"Pero por causa de ti nos matan cada día; Somos contados como ovejas para el matadero."* En ocasiones somos maltratados, calumniados, vejados, nos faltan el respeto y "dicen toda clase de mal contra nosotros". Por encima de todo eso, en la mayoría de los casos, alguien nos hará "el favor" de despepitar a nuestros oídos lo que alguien dijo en algún recoveco de su madriguera.

Hay personas en nuestras congregaciones que por morbo, por amor, por venganza, o porque tiene "el ministerio de "corre, ve y dile"; siempre llevan al pastor lo mal que otros dicen en su contra. En toda la intensidad de nuestro maratón pastoral, en todos los tramos de esa carrera, siempre me llegaban las interesantes noticias de lo que algunos delatores platicaban sobre nuestra tarea pastoral. ¡Gracias al Señor que nunca me prejuicié contra ninguno, aunque medía la distancia que ahora tendría con tal oveja. Los feligreses enfermos dirán las cosas más inverosímiles sobre los pastores. Digo "creyentes enfermos" porque las ovejas sanas que ven alguna deficiencia en nuestra tarea o personalidad vendrán de buena fe a nosotros y nos alentarán a mejorar esa posible falla de nuestro ministerio.

El maestro habló una palabra que es pertinente que cada pastor, y también cada oveja, recuerde a la luz de este tema: *"Mirad que no menospreciéis a uno de estos pequeños; porque os digo que sus ángeles en los cielos ven siempre el rostro de mi Padre que está en los cielos."* **Mateo 18:10** El Padre, de quien son propias las ovejas, siempre está con su mirada de amor puesta sobre los que cuidan sus ovejas. Dios tiene mil y una maneras de velar porque sus ministros no sean menospreciados; y de una manera u otra permitirá que los que conspiran contra sus siervos sean avergonzados.

Hay una necesaria aclaración que debo hacer a estas alturas: El maestro nos dio por bienaventurados cuando digan contra nosotros toda clase de mal mintiendo. El evangelio según Mateo lo registra así: "***Bienaventurados sois cuando por mi causa os vituperen y os persigan, y digan toda clase de mal contra vosotros, <u>mintiendo</u>.***" **Mateo 5:11** La palabra clave de esa bienaventuranza la he subrayado para que no se nos olvide. Cuando llegue a nuestra atención, de la manera que fuere, una crítica que a conciencia entendamos que tiene alguna base real, lo mejor que hacemos es trabajar para superar ese escollo. Aunque el medio que trajo la noticia no sea de entero crédito, si lo que se ha dicho tiene algo de cierto, no comience una "cacería de brujas", comience a superar las deficiencias que pueda haber y así no le daremos a nadie balas para que nos disparen.

Los golpes que legitima o ilegítimamente recibimos los pastores no los recibimos en vano; siempre, si queremos, nos enseñarán alguna buena lección para que nuestra tarea siga en progreso. Los golpes que reciba injustamente el Señor en su infinito amor y misericordia los sanará por su gracia; los que provoquemos nosotros, ungüentos hay, pásese usted la mano.

7

La ofrendita en las visitas

*Cada primer día de la semana cada uno
de vosotros ponga aparte algo, según haya
prosperado, guardándolo, para que cuando
yo llegue no se recojan entonces ofrendas.*
1 Corintios 16:2

Una de las tareas que parecen muy sencillas, pero en ocasiones son muy complicadas es la visitación pastoral. Confieso que la parte más deficiente de mi tarea pastoral era las visitas a los hogares. Cuando alguna oveja estaba enferma en casa o en un hospital la visita pastoral es mandatorio, ese lado de la visitación no se puede postergar. Sin embargo, las visitas pastorales cuando aparentemente todo estaba bien en casa de esa familia, para mí eran complicadas. Mandé a preparar unas tarjetas personalizadas, que dejaba en las casas donde no estaba la persona o familia que visitaba, para que hubiera evidencia de que había estado allí. ¡Que frustrante era no encontrar las personas que había salido a visitar!

Otra área embarazosa de la visitación pastoral era cuando la persona visitada me daba una ofrenda. ¡Qué mal me sentía! En el tercer tramo de nuestro maratón pastoral visitaba un buen anciano que siempre me obsequiaba cinco dólares. Si no tenía los cinco dólares, mandaba a una nieta a buscar cambio de un billete mayor para darme la ofrendita. ¿Cuál era el propósito de la ofrenda? Podía ser gratitud por la visita; podía estar costeando la gasolina de mi vehículo, no sé. Por otro lado, me podía estar pagando los "honorarios" de la visita. El asunto era que me obligaba a meditar dos veces si le visito seguido o no, porque los cinco dólares me molestaban en la conciencia. En las visitas, no ofrecen café, o un jugo, etc., y lo recibimos como algo normal y propio de la familia puertorriqueña; pero recibir dinero no es lo usual.

Visitamos, entre otros, personas que se han ausentado cierto tiempo de la congregación por diferentes razones. En esas visitas enfrenté otra situación más embarazosa todavía. Algunas personas querían enviar sus diezmos y ofrendas con el pastor. ¡Esa si era una crisis para mí! Aunque no fuera así, me decía para mí mismo: _ "Creo que el hermano piensa que vine a buscar los diezmos atrasados." El otro problema que representaba para mí era una costumbre pastoral antigua. Hubo una época que los pastores recibían los diezmos directamente de sus feligreses y lo usaban para sustentar su familia. En esos tiempos, que eran pocos los ingresos de las congregaciones y no había una Junta Local, ni siquiera un tesorero, los pastores administraban todos los ingresos de acuerdo con sus necesidades. La mayoría de las veces que me enfrentaba a esa situación le aseguraba a la persona que enviaría al tesorero a recogerlos.

Los feligreses deben evitar enviar dinero a la iglesia con su pastor, así le están evitando malentendidos. Además, si desean darle una muestra de cariño a su pastor por medio de una ofrenda, la visita pastoral no es el mejor momento. Los pastores pueden ser la encarnación humana de la pulcritud y honestidad; pero hay tantos prejuicios contra los pastores que la congregación debe velar por su imagen, no sólo en la congragación, sino, también en el contorno comunitario.

No me invento las salvedades que hago en este tema; he presenciado el momento en que, impíos que ven a un pastor llegar a la casa de un feligrés afirman: _ "¡Allá va ese buscón a pedir los diezmos! ¡Qué lenguas, Fela de mi alma! En la tarea pastoral nos enfrentamos a la incomprensión de mucha gente: si visitamos estamos esperando que nos den los diezmos o las ofrendas; si no visitamos no amamos las ovejas. ¡Póngase cada quién en los zapatos del pastor!

8

Y... ¿Qué es ese revolú?

Y si la trompeta diere sonido incierto,
¿quién se preparará para la batalla?
1 Corintios 14:8

Hace ya algunos años, vi por televisión una promoción de cierta marca de panqueques donde se presentaban unos niños jugando. Mientras ellos se divierten se escuchan ruidos provenientes de la cocina de la casa. Sin dejar de jugar, un niño le pregunta a otro:

__ **Y... ¿Qué es ese revolú?**
Inmediatamente el que parece ser el niño anfitrión le contesta:
__ Es mi mamá haciendo panqueques.

Me di a la tarea de buscar en el diccionario la palabra "**revolú**" con la gran desilusión de que esa revoltosa palabra no se encontraba, por lo menos, en los pocos diccionarios que hay en mi biblioteca personal. (Ha sido agregada, actualmente, al DRAE.)

Mientras meditaba en esto se me prendió el bombillo y recordé que la palabra "**revolú**" sólo se encontraba en la **Enciclopedia Toscosa del Jíbaro Puertorriqueño,** tomo 0, cualquier página: *revolú. Palabra aguda y revoltosa que implica ruidos inciertos y acciones sin sentido ni significado que dejan al espectador loco y sin idea. II P. R. Bachata; Jolgorio.*

En algunas ocasiones me he encontrado en actividades religiosas o evangelísticas que me saben a panqueques, debí decir, que lo que se oye y se ve es un "**santo revolú**", pues no se entiende lo que se dice, ni menos lo que se hace. Sin embargo, a muchos creyentes les gusta esos "**revolúes**" (¡Perdonadme vos, Cervantes, que no tengo un vocablo más adecuado para esta escandalosa palabra!) aunque la edificación espiritual que reciba sea ninguna.

Pienso que en la casa del comercial del panqueque hay más cordura que en algunas de las actividades que se hacen, supuestamente, para honrar a Dios y edificar nuestras vidas. El niño de la casa discierne que el "**revolú**" que sale de la cocina es su mamá haciendo panqueques; sin embargo, en muchas actividades e inclusive en muchas congregaciones no se sabe nada, no se entiende nada; ni apenas se puede decir: ___ Es el evangelista o el pastor haciendo panqueques.

La Biblia nos enseña que: *" las cosas inanimadas que producen sonidos, como la flauta o la cítara, si no dieren distinción de voces, ¿cómo se sabrá lo que se toca con la flauta o con la cítara? ⁸ Y si la trompeta diere sonido incierto, ¿quién se preparará para la batalla? ⁹ Así también vosotros, si por la lengua no diereis palabra bien comprensible, ¿cómo se entenderá lo que decís? Porque hablaréis al aire."* **1 Corintios 14:7-9**

Al correr de los años la adoración bíblica genuina ha ido sufriendo una evolución peligrosa. Nos dejamos llevar por vientos que llegan de cualquier dirección y que son recibidos por muchos como *"el gran poder de Dios"* **Hechos 8:10**

¿Qué edificación recibe una persona en medio de un alboroto, de ruidos estridentes y de gritería histérica? ¿De qué manera es glorificado el Señor de la iglesia en medio de un **"revolú"** sin sentido natural ni espiritual? ¿Qué beneficio obtiene la iglesia si un indocto pasa y la única pregunta que puede hacer es **"y... ¿Qué es ese revolú?"**

La Biblia enseña que cuando vino el día de Pentecostés *"vino del cielo un estruendo como de un viento recio que soplaba."* **Hechos 2:2** Sin embargo, la Palabra de Dios es enfática al afirmar que la multitud de diferentes culturas e idiomas dijeron *"les oímos hablar en nuestras lenguas las maravillas de Dios."* **Hechos 2:11** Allí no había un "**revolú**"; allí estaba el poder del Espíritu Santo manifestándose.

Diariamente escuchamos por la radio la promoción de distintas actividades de diferentes ministerios. ¿Cuál es la norma más común? Se editan segmentos de "mensajes" de la persona promovida. Y... ¿Cuál es el mensaje? Una gritería ensordecedora que usted no entiende ni un comino. ¡Y con esa promoción se quiere dar la falsa impresión de que la persona que grita está llena de unción! Lamentablemente algunos oyentes de la susodicha promoción piensan que el que grita es, como afirmamos anteriormente, "el gran poder de Dios"; en vez de, por el contrario, preguntar: **y... ¿Qué es ese revolú?**

Se han creado epítetos de lo que es adoración y unción. Estas artimañas están dirigidas a aquellos que les gusta el "revolú" en vez de la sabia y genuina manifestación del Santo; a aquellos que sin base bíblica clara confunden la "gimnasia con la magnesia".

¡Dios quiere que en nuestras congregaciones y actividades espirituales se manifieste su presencia! Que, inclusive, si hay un estruendo puedan los oyentes entender que se están hablando "las maravillas de Dios". ¡Ay de las iglesias que se acostumbran a los **"revolúes"** y el ruido no les deja escuchar la voz de Dios!

Mi anhelo es que si en alguna iglesia hay "ruidos inciertos y acciones sin sentido ni significado que dejan al espectador loco y sin idea" y alguien pregunta: __ **Y... ¿Qué es ese revolú?,** a lo menos, una persona con cordura, le pueda contestar: __ "Es el pastor haciendo panqueques."

9

Algo huele mal...

*"¿Y por qué miras la paja que está
en el ojo de tu hermano, y no echas
de ver la viga que está en tu propio ojo?"*
Mateo 7:3

Dedico muy poco tiempo a mirar la televisión. Sin embargo, cuando invierto algún momento a esa tarea, trato de aprovecharlo al máximo, tomando muy seriamente la exhortación del apóstol Pablo cuando le escribió a los efesios a que estuviesen *"Aprovechando bien el tiempo, porque los días son malos"*. **Efesios 5:16.**

Meditaba, por cierto, en un anuncio promocionando una marca de desodorante. En aquel anuncio se presentaba una familia (llamada en el comercial "Los Pérez") "reunida" mirando la tele. Junto a la familia estaba un hermoso perro que, "aparentemente", también observaba la televisión. En la trama del comercial se presentaba la familia percibiendo un olor desagradable. Lo primero que hicieron fue, obviamente, sacar el perro fuera de la casa. Al regresar la persona que había sacado el perro, el mal olor persistía en le sala donde estaba reunida la familia... Entonces se escuchaba la voz del narrador que decía: "**Algo huele mal en casa de los Pérez... y son los Pérez**". Luego se hablaba de las virtudes del desodorante que se promocionaba para acabar con los malos olores de la familia Pérez.

En aquel comercial había varias enseñanzas: los menos afortunados, en la mayoría de los casos, son discriminados. La Biblia enseña que en Dios: no hay griego, ni judío, circuncisión ni incircuncisión, bárbaro ni escita, siervo ni libre, sino que Cristo es el todo, y en todos". En casa de Cornelio, después de haber sido amonestado y enseñado por el Señor, el apóstol Pedro expresó: "En verdad comprendo que Dios no hace acepción de personas". En el comercial los miembros de la familia se miraban unos a otros para señalar el culpable de aquellos malos olores, El que menos podía defenderse era el perro... y ese fue el primero en ser "sacrificado". Así que, aplique usted la moraleja a la situación que usted crea, en la ciudad que usted crea, en la institución que usted crea, etc.

La segunda enseñanza del mencionado comercial, y la que a mi juicio es la principal, se relaciona con nuestras actitudes hacia nuestros defectos y las cosas que nos afectan. El mal olor que invadía la casa de los Pérez había que **adjudicárselo a alguien**, pero los Pérez no eran capaces de pensar que existía la posibilidad de que el mal olor procediera de alguno de ellos. La enseñanza de nuestro maestro es: "**¿Y por qué miras la paja que está en el ojo de tu hermano, y no echa de ver la viga que está en tu propio ojo? ¿O cómo dirás a tu hermano: ¿Déjame sacar la paja que está en tu ojo, y he aquí la viga en el ojo tuyo? ¡Hipócrita! saca primero la viga de tu propio ojo, y entonces verás bien para sacar la paja del ojo de tu hermano**".

Viene a mi memoria una historia que leí en el librito de meditaciones diarias: **El Aposento Alto** para el pasado 27 de octubre de 2001. Contaba la historia que había un anciano que amaba mucho a los niños, quienes se reunían alrededor de Él para jugar. Una vez los niños fueron a jugar con él como de costumbre, pero lo encontraron dormido. Uno de ellos mató un insecto que tenía mal olor y frotó al insecto en el bigote del anciano mientras éste dormía. Cuando despertó, el cuarto parecía estar lleno de ese mal olor. Visitó a los vecinos y percibió el mismo olor. El anciano llegó a la conclusión que todo el mundo olía mal.

¿Algo huele mal alrededor nuestro?... Antes de contestar esa pregunta debemos hacer un análisis profundo de nuestras actitudes. En mi barrio decían que cuando un mal olor se percibía súbitamente en medio de un grupo, el primero que decía - ¡FOH! - era el originador del mal olor. Somos muy implacables adjudicando responsabilidades; y en muchos casos injustos e inmisericordes. ¡Cuántos errores hemos cometido en nuestras ligerezas al querer mostrar *celo por Jehová Dios de los ejércitos!* ¡A cuántos hemos sacado fuera del campamento - (Como a María la hermana de Moisés)- porque tenían mal olor... sin habernos lavado el bigote antes! ¡A cuántos hemos *"fusilado"* por **malolientes** antes que se descubra que somos nosotros los emisores de los malos olores!

Cuando, por los caminos olorosos de la vida, seamos asaltados de repente por algún "mal olor", no nos apresuremos a emitir juicio para adjudicar responsabilidades. Bíblicamente se enseña que: **"...Para Dios somos grato olor de Cristo en los que se salvan, y en los que se pierden; a éstos ciertamente olor de muerte para muerte, y a aquéllos olor de vida para vida"**. Sin embargo, en algunas ocasiones no hemos usado el "desodorante" más adecuado, y comenzamos a exhalar olores desagradables para los que se salvan y para los que pierden. Acordémonos que cuando esos malos olores surjan, nos debemos examinar cuidadosamente... antes de sacar el perro. Que cuando los malos olores afloren, antes de decir que el mundo apesta, debemos reflexionar introspectivamente, no sea que tengamos el bigote sucio.

10

¿Intentos de soborno?

"Entonces Pedro le dijo: Tu dinero perezca
contigo, porque has pensado que el don de
Dios se obtiene con dinero."
Hechos 8:20

¡Los llamados por el Padre a cuidar de sus ovejas nos podemos enfrentar a las cosas más inverosímiles mientras realizamos esa sagrada tarea! La Biblia nos da lecciones extraordinarias para evitar encontrarnos envueltos en embarazosas situaciones que envuelven remuneración o prebendas indebidas. La primera lección es la del adivino Balaam, que se registra en el libro de Números capítulos 22-24. Al adivino le ofrecieron una serie de beneficios a cambio de maldecir al pueblo de Israel; Balaam sucumbió ante aquel ofrecimiento. Las consecuencias de sus actos fueron desastrosas.

La segunda lección la encontramos en el segundo libro de Reyes capítulo 5. Después del profeta Eliseo rechazar el recibir regalos por la curación de

Naamán, su criado pide parte de aquellas prebendas sin autorización del profeta. Las consecuencias para Giezi fueron terribles, contrajo la lepra de Naamán. El criado del profeta Eliseo se aprovechó de su posición cerca del hombre de Dios para su propio beneficio. Esa conducta siempre tendrá sus consecuencias nefastas.

Otro intento de recibir favores por dinero es el del mago Simón, que intentó comprar los dones del Espíritu Santo con dinero. Lo relatado por lucas en el libro de los Hechos capítulo ocho nos debe hacer reflexionar que en la iglesia se pueden colar personas que piensan que con el dinero pueden obtener lo que deseen. La reprimenda del Apóstol Pedro al que había sido mago y que aparentemente se había convertido a la fe de Jesucristo fue proporcional al intento de soborno: *"Entonces Pedro le dijo: Tu dinero perezca contigo, porque has pensado que el don de Dios se obtiene con dinero. 21 No tienes tú parte ni suerte en este asunto, porque tu corazón no es recto delante de Dios. 22 Arrepiéntete, pues, de esta tu maldad, y ruega a Dios, si quizá te sea perdonado el pensamiento de tu corazón; 23 porque en hiel de amargura y en prisión de maldad veo que estás."* **Hechos 8:20-23**

Me sucedió algo parecido en el segundo tramo de nuestro maratón pastoral. Una joven que le habíamos firmado la autorización para estudiar el certificado en estudios Bíblicos en Mizpa se había ausentado prácticamente de la congregación por más de seis meses. Cuando comenzaba el segundo año, como no estaba asistiendo a la congregación, sabía de seguro que no le firmaríamos la solicitud para continuar estudiando, vino con dinero en mano para que le firmara la solicitud. Por respeto no voy a proclamar la cuantía del dinero; sin embargo, le dije muy respetuosamente que el propósito de estudiar en Mizpa era prepararse para el servicio en la iglesia y si no estaba asistiendo no había forma de que le firmara la solicitud. La joven salió de mi oficina con su dinero en mano y la solicitud de Mizpa sin firmar.

Lo que hizo aquella joven fue una falta de respeto al ministerio y un intento de sobornar al pastor con un "plato de lentejas" Por cierto, la joven continuó fuera de la iglesia y nunca, hasta donde sabemos, se arrepintió de su intento de comprar mi firma, y más que mi firma, mi autenticación de lo incorrecto. Cada feligrés debe saber que los ministros del Señor tienen convicciones y unos principios morales y espirituales que no tienen precio. ¡Que Dios tenga misericordia de ella!

11

Enfrentando los engreídos

"Y desde aquel día Saúl no miró
con buenos ojos a David."
1 Samuel 18:9

El famoso proverbio que afirma que "Hay de todo en la viña del Señor", tiene mucha más vigencia después de cuarenta y dos años al cuidado de las ovejas de mi Padre. En ese maravilloso tiempo hemos lidiado con toda clase de oveja. Pero, hay una "raza o variedad" de ovejas con las cuales nos encontramos en todas las congregaciones; les vamos a llamar *las engreídas*. Esa variedad de oveja piensa que la paciencia del pastor es inagotable y que pueden hacer lo que deseen y siempre se saldrán con la suya. Sin embargo, la paciencia del pastor se agota y los que hemos sido llamados a cuidar las ovejas del padre no podemos permitir que cada feligrés haga lo que quiera, vaya donde quiera, diga lo que quiera, y no haya consecuencias.

En cierta ocasión, en el cuarto tramo de nuestro maratón pastoral, vino una joven a pedir autorización para ella y otra señorita de la congregación para asistir a un campamento de jóvenes de otra congregación hermana. Hasta ahí, todo iba bien, está haciendo lo correcto al buscar autorización. La joven, que por cierto era muy talentosa, estaba designada para dirigir la adoración el domingo de ese fin de semana del campamento. Le dije que si no había inconvenientes para estar en el culto del domingo cumpliendo su ministerio no tenía problemas que asistiera a ese campamento con la otra muchacha. Me afirmó estaría el domingo dirigiendo la adoración y salió de mi oficina muy satisfecha. _ "¡Que disfrutes la actividad!", dije cuando ella salía.

Llegó el domingo y la oveja engreída no asistió a su responsabilidad de dirigir la adoración. Pregunté, a la otra muchacha que había ido al campamento, si sabía la razón de la ausencia de la joven que afirmó que estaría en ese culto. Lo que me dijo me cayó como la munición a la paloma, _ "Ella dijo al salir de su oficina que no vendría el domingo" ¡Hay poder! Tan pronto la joven volvió otro día a la congregación la llamé a mi oficina. Dialogamos unos minutos y le hice saber que estaría un tiempo sin participación en la ministración de la iglesia.

Concluido el diálogo, la joven se puso en pie y mirando a otro lado afirmó: _ "Me voy de esta congregación para no volver a ver más su cara." De momento se me subió a la sesera la herencia taína, africana y europea; pero me mantuve sereno y la joven salió de mi oficina. Unos días después vino la joven a excusarse y pedir perdón por su actitud arrogante e irrespetuosa. Más tarde, al pasar el tiempo indicado, la joven se reintegró a los trabajos de la congregación. ¡Gracias al Señor!

Me consta de propio y personal conocimiento que aquella joven aprendió la lección. Unos años más tarde, ya casada y con sus hijos vino a otra congregación donde estábamos cuidando las ovejas del Padre y fueron recibidos como ovejas de aquel rebaño. La joven había madurado y estaba más concentrada en su familia y en los trabajos en la obra del Señor. Los pastores no podemos permitir que algunas ovejas engreídas hagan como quieren y no haya consecuencias. Debemos ser firmes y a la misma ves amorosos porque esas ovejas pueden superarse y ser de bendición en la obra, como sucedió en este caso.

A modo de epílogo

Y, ¿qué más recordaré de nuestra intensa carrera al cuidado de las ovejas de mi Padre?

Finalmente recordaré que hay algunas cosas del pasado que nunca se quedan donde tú las dejas, pueden perseguirte para amargar cada día de tu vida o aparecerán repentinamente como poderoso fantasma para chuparte la alegría.

nted in the United States
aker & Taylor Publisher Services